[哈佛大学MBA广受欢迎的口才训练技巧
一场彻底改变思维和谈话局面的舌上风暴]

最受欢迎的哈佛沟通课

| 钱智贤◎著 |

苹果、微软、华为、三星、阿里巴巴、白宫智囊团等世界五百强企业和组织都在学习的沟通秘笈。

ZuiShouHuanYingDe
HaFoGouTongKe

适用于：识人用人、升职加薪、客户推销、商务谈判、危机处理、团队管理、情感对话等沟通场合。

图书在版编目（CIP）数据

最受欢迎的哈佛沟通课/钱智贤著.--上海：立信会计出版社，2016.4

（去梯言）

ISBN 978-7-5429-4902-8

Ⅰ.①最… Ⅱ.①钱… Ⅲ.①人际关系学 Ⅳ.①C912.1

中国版本图书馆CIP数据核字(2016)第015416号

策划编辑　蔡伟莉
责任编辑　陈　旻
封面设计　久品轩

最受欢迎的哈佛沟通课

出版发行	立信会计出版社
地　　址	上海市中山西路2230号　邮政编码　200235
电　　话	（021）64411389　传　真（021）64411325
网　　址	www.lixinaph.com　电子邮箱　lxaph@sh163.net
网上书店	www.shlx.net　电　话（021）64411071
经　　销	各地新华书店
印　　刷	固安县保利达印务有限公司
开　　本	720毫米×1000毫米　1/16
印　　张	17.25　插　页　1
字　　数	255千字
版　　次	2016年4月第1版
印　　次	2017年3月第4次
书　　号	ISBN 978-7-5429-4902-8/C
定　　价	36.00元

如有印订差错，请与本社联系调换

前　言

哈佛大学，这所诞生于1636年的有着"美国高等学府王冠上的宝石"之称的著名学府，在其三百多年的风雨历程中，培育了为数可观的成就卓越、影响深远的杰出人士，包括37位诺贝尔奖获得者、33位普利策奖获得者、7位国家总统、12位国家副总统、数百位世界级富翁，以及美国近500家最大的企业集团中的三分之二以上的决策领导。哈佛被誉为"精英的摇篮"、总经理的"发源地"。

哈佛大学素以深厚的学术底蕴、严谨的教学作风和优秀的教学理念闻名于世，不仅以经济课、管理课、心理课著称于世，而且也以卓越的口才与演讲课享誉远近。哈佛大学不仅注重培养学子的知识素养和专业技能，更注重培养他们的社会交际艺术和自我表达、谈话沟通能力。哈佛大学的学者曾把舌头、金钱、原子弹并提，称之为"世界三大威力"，将口才与沟通的作用推到了前所未有的高度。在长期的育人历程中，哈佛大学创建了一套独具特色、成效卓著的沟通课程，这些课程使得每一个哈佛学子受益匪浅，提升了自己的口才和沟通能力，掌握了走向社会必备的沟通技能。

自建校以来，哈佛大学培养了无数精英，他们在进入政界、商界、学术界等各领域后，凭借其出色的专业能力，打开了工作的局面，获得了显赫的职位，同时也借助于传承百年的精英沟通课，不断地在各自的领域中赢得他人的关注，获得新的发展机会。

在哈佛毕业学子那一长串熠熠发光的名字中，你可以发现他们无不以自己出众的口才和沟通能力开创了一个又一个奇迹：诸如辩才出众、打赢波士顿惨案官司的律师约翰·亚当斯；号召率领美国人民投身二战、赢得二战胜利的总统富兰克林·罗斯福；处世有术、在政商两界左右逢源的富豪洛克菲勒；叱咤外交政坛、获得诺贝尔和平奖的外交家基辛格；靠震撼演讲征服了无数选民的总统奥巴马……他们都是口才出众的演说家和沟通者，他们都习得了哈佛沟通课的精髓。

在一个人际交往日益频繁的今天，我们时时处处都需要沟通，沟通成了我们生活中重要的组成部分，沟通是满足我们的需要、达成我们的目标、实现我们抱负的重要工具之一。沟通能力已经成了衡量一个人能否走向成功的重要标志。沟通能力决定了你的竞争力，影响着你的人生命运。

不会沟通，还想成功？如何把陌生人迅速变成朋友？如何成功说服他人？如何巧妙化解尴尬？如何充满自信地当众演说？如何在谈判中稳操胜券？如何在辩论中大获全胜？如何与领导、下属、同事、家人和朋友更好地沟通？如何才能拥有侃侃而谈、能言善辩的口才技巧？如何才能具备令人信服、打动人心的沟通能力？

哈佛大学著名语言学家罗曼·杰克布森认为，口才是人与生俱来的天赋，但良好的谈吐和沟通能力需要依靠后天的练习。哈佛大学沟通课为我们提供了绝佳的口才训练和沟通能力提升途径。本书以精练生动的语言，结合丰富典型的案例，从沟通的基本功修炼，到沟通准则的把握，再到社交、职场、酒宴、公关、会议、演讲、辩论等各种重要情境场合的沟通策略，全面解读了哈佛沟通课理论体系和实践运用之道，提炼出一套高效实用的沟通技巧，帮助你改善沟通困境，增强自我影响力，改变他人心意，实现完美沟通，营造如鱼得水的人生局面。

还在为交谈不顺、沟通不畅而烦恼吗？现在，打开本书，走进世界一流学府的语言殿堂，领略最受欢迎哈佛沟通课的魅力，踏上自己的口才塑造和沟通能力提升之旅，开创事业和人生的辉煌！

目 录

第一章　人人都可以高效沟通——沟通素养课

自信：充满自信，自然大方 ·· 2

亲和：语气委婉，平易近人 ·· 5

语音：抑扬顿挫，娓娓动听 ·· 7

明确：紧扣目的，有的放矢 ·· 10

中肯：话语中肯，言之有物 ·· 12

简明：简洁明快，精练得当 ·· 15

通俗：深入浅出，通俗易懂 ·· 18

真诚：真诚恳切，言行一致 ·· 21

情感：情感充沛，有感染力 ·· 24

第二章　赢得人心的完美沟通艺术——沟通风格课

形象：说话要有声有色 ·· 28

逻辑：说话要严谨缜密 ·· 30

比喻：用鲜活的形象打动对方 ······································ 32

含蓄：言在此而意在彼 ·· 36

赞美：赢得人心才能赢得沟通 ······································ 38

幽默：幽默让沟通搭上快车道 ······································ 40

变通：说话有技巧，沟通无极限 ···································· 43

第三章　说好关键的第一句话——开场沟通课

开个好头：把握开场最初10秒钟 ···················· 46
一语定乾坤：初次见面说好第一句话 ················ 48
拉近距离：瞬间征服人心 ·························· 51
寻找话题：交谈中要学会没话找话 ·················· 53
开门见山：你要想向对方说点什么 ·················· 56
激发交谈欲：主动引发一场沟通 ···················· 58
揣摩试探：想钓鱼，就要像鱼一样思考 ·············· 60
循循善诱：步步为营，把沟通导向高潮 ·············· 63

第四章　说话有礼貌，沟通也优雅——沟通礼仪学

称呼：礼貌称呼是沟通的敲门砖 ···················· 68
换位思考：站在他人的角度交谈沟通 ················ 70
优雅谈吐：养成优美而文雅的沟通风格 ·············· 73
他人是"上帝"：少说"我"多说"你" ················ 75
敬语：得体地使用敬语和谦词 ······················ 78
姿态：体态到位，沟通才到位 ······················ 81
微笑：让微笑为你的沟通加分 ······················ 85
道歉：用好"道歉"这门沟通学问 ···················· 87
感谢：感谢的话恰当说出来 ························ 92

第五章　说话说到位，沟通才到位——沟通分寸课

谨慎开口：谨防言多必失 ·························· 96
有话好说：掂量每句话的轻重 ······················ 98
言之有度：说话要有分寸，沟通要有尺度 ············ 100
口有遮拦：避免话不投机、话语伤人 ················ 102
尊重他人感受：说话不能只顾自己过瘾 ·············· 105
点到为止：话到嘴边留半句 ························ 107

不揭底牌：识破别说破面子 …… 109
三思后言：说话要留余地 …… 112
予人"台阶"：说话要给对方"台阶"下 …… 114
不触"逆鳞"：不要触犯他人的痛处 …… 116
不乱开玩笑：沟通中不宜开过头的玩笑 …… 118
广开言路：给别人表达和沟通的机会 …… 120

第六章 消除异议，让所有人都听你的——沟通说服力

耐心法则：说服他人要循序渐进 …… 124
攻心法则：说服是场攻心战 …… 127
情理法则：晓之以理，动之以情 …… 130
好言相劝法则：忠言不逆耳，曲径可通幽 …… 132
"明话暗说"法则：真话有时变个说法 …… 133
直话婉说法则：把难听的话说得动听 …… 135
隐藏动机法则：隐藏动机，掌控沟通主导权 …… 137
旁敲侧击法则：牵着他的鼻子走 …… 139
登门槛法则：先提小要求，再提大要求 …… 142

第七章 怎么听比怎么说更重要——沟通倾听术

重倾听：倾听是无言的赞美和恭维 …… 144
用耳听：说话要带着两只耳朵 …… 146
用心听：拥有倾听者的良好素质 …… 148
礼貌听：不要随便打断别人说话 …… 150
耐心听：做一个耐心的倾听者 …… 153
静静听：沉默是沟通的一种境界 …… 156
听+说：倾听中的插话技巧 …… 158

第八章 化负能量为正能量——沟通批评课

批评讲方式：怎样批评别人才愿意听 …………………………… 162
批评分轻重：批评切忌恶语伤人、不分轻重 …………………… 165
批评重事实：批评切忌捕风捉影、主观臆断 …………………… 167
心平气和式批评：不吼不叫的批评艺术 ………………………… 169
激励式批评：激励比惩罚更有效 ………………………………… 170
赞美式批评：为批评加点"糖" ………………………………… 172
三明治式批评：赞扬—批评—赞扬 ……………………………… 174
安抚式批评：批评善后安抚的语言技巧 ………………………… 176
因人批评：不同的人要有不同的批评方法 ……………………… 178

第九章 对意见坚决拒绝，对人热情友好——沟通拒绝术

敢于说"不"：别让不好意思毁了你 …………………………… 184
友好拒绝：拒绝，但不使人难堪 ………………………………… 187
善于拒绝：没有拒绝，只有不会拒绝的人 ……………………… 190
拒绝六式：拒绝绝招，招招见效 ………………………………… 192
含糊拒绝：把"不"说得含糊些 ………………………………… 195
择机拒绝：说"不"时机是关键 ………………………………… 198
含蓄拒绝：通过言外之意表示拒绝 ……………………………… 201
套用拒绝公式：善于说"是—不—是" ………………………… 204
侧面拒绝：转移话题，从侧面说"不" ………………………… 207
借口拒绝：为你的拒绝找个"挡箭牌" ………………………… 210
重复否定拒绝：重复否定部分，可以否定全部 ………………… 212
补偿拒绝：拒绝后给予对方点"好处" ………………………… 214
拒绝禁忌：拒绝有底线，说"不"有禁忌 ……………………… 218

第十章 每一种场合都是沟通的练习——场合沟通课

应景沟通：说话看场面，沟通看场合 …………………………… 222

"入乡随俗"：不同场合说不同的话 ………………………… 225
变换角度：特定场合变换说话方式 ………………………… 228
语如其人：依据自己的身份沟通 …………………………… 230
因人说话：依据听众的身份沟通 …………………………… 232
看看想想说说：边看边说，边说边看 ……………………… 235
投其所好：注意对方，择机开口 …………………………… 237
察言观色：把话说到对方心坎上 …………………………… 242
拜访场合沟通：迎来送往，增进友谊 ……………………… 244
面试场合沟通：言语互动，脱颖而出 ……………………… 246
酒宴场合沟通：推杯换盏，左右逢源 ……………………… 248
非常场合沟通：智言化窘境，沟通不冷场 ………………… 250
公关场合沟通：应答自如，打通"关节" …………………… 252
谈判场合沟通：攻防有据，稳操胜券 ……………………… 254
会议场合沟通：调动与会者的每一根神经 ………………… 257
演讲场合沟通：巧言煽情，掌声如雷 ……………………… 260
辩论场合沟通：巧舌如簧，雄辩天下 ……………………… 263

第一章 人人都可以高效沟通——沟通素养课

在人生之路上,沟通的力量无时无处不在显现,会沟通可以出人头地、左右逢源;不会沟通则默默无闻、处处碰壁。沟通水平高,很多利益呼之即来;沟通水平低,很多利益闻声而去。会沟通对个人价值的实现、人生成功的作用是难以估价的。

哈佛沟通专家指出,会沟通就要把话说得漂亮到位,把话说得滴水不漏。而要想说得一口流利的话语,就要苦练说话的基本功,就要对自己的语言千锤百炼,以最精辟的、恰如其分的、表情达意的词句,表达出深刻的内涵,口吐莲花,句句有分量,达到开口就能征服人心的效果。

自信：充满自信，自然大方

哈佛沟通课指出，自信是当众讲话、交谈沟通的首要准则。

大多数人站在众多人面前开口说话，都会有不同程度的紧张，虽然稍微口吃会增加听众对你的信赖感，但过度的话，情形就会大不相同了。要在大庭广众面前自然、流畅地说话的确不容易，这对每个人来说都是一种考验。

面对这种情况，你要保持清醒的头脑，千万别把自己逼入自己制造的模子当中，使自己看起来紧张不安。一旦你能在人群中随意自如起来，就不会再退缩，能以正常的方式来表达自己的意见。

有许多人，通过呼吸来调整自己的紧张心态。改变发声只是消除紧张的一种方法，而且这种方法需要训练相当长的时间。有时候会突然涌上一股紧张情绪，如何消除这种突发的紧张感呢？这就需要你的聪明才智和应变能力，即能否把你的紧张变成一种幽默。

每个人只要能正确认识自己，清醒面对形势，再加上聪明才智和敢于自嘲，就会圆满达到沟通的目的。

哈佛沟通课强调，沟通不仅是个人学识的体现，更是个人心理素质的体现。以口才素质和需要来说，沟通者的心理素质包含很多方面的因素，择其要者介绍以下几个方面。

⊙ **自信**

我们以演讲为例，有些自信心弱的演讲者，在一次演讲中遇到失败，就一蹶不振，形成自卑和压抑心理，这对演讲是很不利的。其实，对演讲中的有利和不利条件应该辩证地看待并作具体的分析。

第一章 人人都可以高效沟通——沟通素养课

有的演讲者常常为自己的容貌、服饰、年龄、性别而惴惴不安；有的演讲者以自己的职业"不高尚"自惭形秽；有的演讲者为自己演讲的内容过于平淡而认定难以成功；有的演讲者又以听众的文化教养、理论素质、欣赏水平不高或过高而感到忧虑、畏惧；等等。

其实，有些不利因素，只要演讲者能够正确对待，想方设法加以改进，是可以变不利因素为有利因素的，大可不必把问题看得过于严重。特别是一些客观因素造成的不利条件，即使对演讲造成了某些干扰，听众也是可以理解的，演讲者完全可以放下思想包袱，全身心地投入到实际演讲中去，不要为一些小事影响了自己水平的发挥。

《演讲与口才》杂志曾登载了这样一篇文章：

一位大专女生，有一回她接到同学的电话，问她愿不愿意做家教。她很惊奇，以为是天方夜谭，疑惑地问："我能行吗？"同学说："行不行，你去试试看嘛。"被教的是个初中女生，智力稍弱，经她一段细心辅导，学习有了明显进步，不久又参加了"高中—大学"的一体化考试，结果初试告捷，顺利进入复试。初中生的家长很高兴，对女儿说："能考上一体化，多亏了这位小教师，往后啥时候也不能忘了你的启蒙教师。"这位大专女生方才惊喜地发现自己的家教才能。找到了自信，勇气倍增，毕业后也打算不要包分配，自己去南方闯闯。放弃实践，不敢试验，自信就找不到基石与支点；抓住机会，投入你的实践，找到的不只是自信，还有你人生的起跑线。

⊙ **冷静**

冷静是使人们的智慧保持高效和再生的条件。因为只有在头脑冷静的情况下，人们才能迅速认准并抑制引起消极心理的有关因素，同时认准和激发引起消极心理的有关因素。

例如，社交中演讲者在遇到听众不愿听或提出责难的情况下，要想对恐慌和不满情绪加以抑制，就必经通过冷静的分析，找到真正的原因是在听众方还是在自己。脑子不冷静，不知道怎样控制自己，就发现不了问题，场面就会失控。所以，口语交际中不论出现什么情况，首先需要的是沉稳、冷静。

- ⊙ 自控

英国首相威尔逊在一次群众大会上演讲时,反对者在下面鼓噪,其中一人更是高声大骂。面对听众可能产生的误解和骚动,威尔逊首相沉稳地报以宽厚的微笑,非常严肃地举起双手表示赞同,说:"这位先生说得好,我们一会儿就要讨论你特别感兴趣的脏乱问题了。"捣乱分子顿时哑口无言,听众则报以热烈的掌声。

- ⊙ 自强

自强对于一个沟通高手来说,表现为不怕失败,不怕打击和挫折,敢于和善于从口语交际失败中一次次崛起,敢于和善于从挫折中一次次挺直腰杆走上讲台,有意识地在顺境、逆境、胜利、失败等各种情境中经受锻炼和考验,以此来培养自己坚强的韧性。

第一章 人人都可以高效沟通——沟通素养课

亲和：语气委婉，平易近人

沟通是人们交流信息、传情达意的一个重要手段。它所表达的意义是通过人们对其发音器官的有意识控制和使用而表现出来的。这种控制和使用的一个重要对象便是说话的声和气。在哈佛沟通专家看来，恰到好处地使用声和气不仅能充分地表达说话的意图和情感，富有亲和力，而且还能使说话生机勃勃，充满艺术的感染力。

⊙ 说话要和气

有人说话总是和声细语的。这种声和气宛如柔和的月光、涓涓的泉水，由人心底流出，轻松自然，和蔼亲切，不紧不慢，能给听者以舒适、安逸、细腻、亲密、友好、温馨的感觉。人们在请求、询问、安慰、陈述意见时常使用这种声和气。

它可以弘扬男性的文雅大度和女性的阴柔之美。尤其是在抒发情感时，这种声和气的运用更具有一种迷人的魅力。

⊙ 说话要有感召力

还有人说话是高声大气的。这是一种人们用来召唤、鼓动、说理、强调和表达自己激动心情的声和气。它可以表现说话者的激情和粗犷豪放的气质。虽然它和大吼都属于高音频和高调值，但是它通常是用来表示极度的欢喜或慷慨激昂的。

⊙ 说话要避免不良语气

还有其他很多种语气，恶声恶气，怪声怪气，低声下气，唉声叹气，有声无气等。不同的声和气表达着不同的意思。因此，我们说话时，不仅要注重遣字用词,更应该选用恰当的声和气。这一点十分重要。否则,再美的词语也会失去光彩,并很有可能引起听者的猜疑、妒忌、不满、反驳、敌视、唾弃和嘲笑。

⊙ **根据场景斟酌选用语气**

选择用怎样的语气沟通,要取决于你所处的场合,你的谈话对象,你的谈话内容和目的等各种因素,需要具体问题具体分析。但事前意识到讲话语气的作用对你的谈话目的的达成是大有裨益的。

语音：抑扬顿挫，娓娓动听

我们在日常交谈沟通中，只要重视并运用语调的抑扬顿挫的变化，即使是抽象枯燥的内容也能讲得娓娓动听，牢牢吸引住听众；如果不善于运用语调变化，古板平淡得很，即使是生动有趣的内容，也会讲得单调平淡，使听众昏昏欲睡。这就要求我们必须掌握驾驭语调的技能技巧，以便能淋漓尽致地表达思想感情，增强沟通效果。

⊙ **停顿与连接**

说话中的停顿与连接是为表达语句的意义和层次、思想和情感服务的，并不完全受标点符号的制约。没有标点符号的地方，有时需要停顿；有标点符号的地方，有时则要连接。这一点应该牢记，但也不能死搬硬套。

停顿与连接在说话和沟通中起着重要的表情达意的作用，主要意义在于以下6点。

（1）保证语意清晰明确，不使听者产生误会。

（2）强调重点，加深印象。

（3）并列分合，使内容完整。

（4）造成转折呼应。

（5）体现思考判断，给听众的领悟提供依据和时间。

（6）造成意境，令人回味想象。

⊙ **重音**

重音可分为语法重音和强调重音。语法重音是显示语句语法结构的，位置比较固定，有一定的规律。强调重音可分为感情重音和逻辑重音。感情重音强调某种特殊的感情，如表露喜怒好恶等所使用的重音。逻辑重音是能突出语句目的、体现逻辑关系、点染感情色彩的关键词句，其具体表现较为复杂，应根据内容予以区分并把握。重音需在非重音的环境中存在并采取适当的方法加以突出，两者必须有机地衔接和过渡，做到和谐统一。在表达时，重音一般是重读，但也可根据不同的言语环境选择相应的语音变化来突出重音，如压抑气息、用轻声或低声表达，用短促有力的声音表达，用拖长的声音表达等，都可以显示重音并实现言语目的。

在言语交锋中，有时可以利用重音技巧摆脱对方所设计的圈套，取得有利地位，同时也陷对方于尴尬境地。

一天，林肯低着头在擦自己的靴子，一位外国外交官看见，便嘲讽道："喂，总统先生，你经常擦自己的靴子吗？"

"是啊，"林肯答道，"你是擦谁的靴子呢？"

林肯一句话就转移了对方说话的重音，使自己脱离被嘲弄的境地，而陷对方于尴尬之中。

⊙ **快慢**

快慢指的是说话的速度变化。在这里，快和慢是相对来讲的。说话速度的快慢，与交际目的、表达内容、环境气氛、心境情绪有关。一般说来，说明叙述时，语速稍快；抒情议论时，语速稍慢。紧张热烈时，语速稍快；在幽静庄重或沉闷凄凉的气氛中，语速稍慢。心情激动时，语速较快；心情平静或忧伤时，语速较慢。说话速度的快慢还与人物的年龄、身份、性格有关。一般来说，年轻人说话语速较快，老年人则相对慢些；地位较低或身份一般的人说话要快些，职位较高或身份显赫的人则相对慢些；活泼开朗、机智勇敢或鲁莽急躁、狡猾奸诈的人说话要快些，憨厚老成、沉着镇静或愚钝迟缓的人说话就慢些。

语速变化是表情达意的一种重要手段。速度快，会使人感到急促、紧张；速度慢，会使人感到安闲、平静。恰当地运用语速的变化并结合其他言语技巧，可以渲染场景，烘托气氛，增强言语的节奏和气势，产生巨大的艺术感染力。

⊙ 升降

人在说话时，声带拉紧声音就升高；声带放松，声音就降低。语调的这种高低抑扬变化，就是升降。人在说话中，同一语句的高低升降变化不同，所表达的思想感情和内容也就不同。试体会一下"我怕你"这句话因高低升降不同所产生的不同感情与内容。

语调的升降变化贯穿于整个语句，但在句末表现得最明显。它可分为高升、降抑、平直和曲折四种类型。

高升调句子语势逐渐由低到高。一般表示惊讶、疑问、反诘、呼唤、号召等。例如：

①冬天来了，春天还会远吗？↑（表反诘）

②我们一定要把经济搞上去！↑（表号召）

降抑调句子语势先高后低，逐渐下降，句末低而短。一般表示肯定、恳求、感叹、自信、允许、祝愿等。例如：

①我相信我们一定能成功。↓（表自信）

②你瞧，多美的彩虹啊！↓（表赞叹）

平直调句子语势平稳舒缓，没有明显的高低升降变化。一般用来叙述、说明、解释，表示庄重、严肃、冷淡、迟疑、悼念等。例如：

①他是一个很不错的人，心地善良，乐于助人。→（表叙述）

②一根火柴可以毁掉整个森林。→（表严肃）

曲折调全句语势曲折变化，或先升后降，或先降后升，句末尾音特别加重、拖长并造成曲折。一般用来表示夸张、讽刺、幽默、嘲弄等。例如：

①他是很好，好得连说谎都有人谅解。↑（表嘲弄）

②你是一个人，一个脱离了低级趣味的人。↑（表讽刺）

明确：紧扣目的，有的放矢

哈佛沟通课强调，沟通要有目标，说话要有目的，要言之有物、有的放矢，要让对方明白你要说的是什么，以及你要求对方能为你做些什么，双方需要做出什么样的协调，这样才能产生应有的效果。

⊙ **明确沟通目的**

概括起来，沟通的目的，不外乎以下5种：

（1）传递信息或知识。如课堂教学、学术讲座、新闻报道、产品介绍、展览解说等。

（2）引起注意或兴趣。此类沟通多是出于社交目的，或为了交际，或为了沟通，或为了表明自身的存在，或为了引起他人注意，如打招呼、应酬、寒暄、提问、拜访、导游、介绍、主持人讲话等。

（3）争取了解和信任。如交谈、叙旧、拉家常、谈恋爱等，往往是为了结交朋友加深感情，交流思想。

（4）激励或鼓动。这类沟通旨在加强人们现有的观念，坚定信心，引起精神上的兴奋，有时也要求得到行动上的反应，如赞美、广告宣传、洽谈、请求、就职演说、鼓动性演讲，以及聚会、毕业典礼和各种纪念活动、庆祝活动中的讲话，都是为着这样的目标。

（5）说服或劝告。此类沟通诸如谈判、论辩、批评、法庭辩护、竞选演说、改革性建议等，大多是为了让别人接受自己的观点，争取自身利益而改变他人信念。

第一章 人人都可以高效沟通——沟通素养课

⊙ 沟通要有的放矢

哈佛沟通课中的一个原则就是话由旨遣,要明确沟通的目的。

目的明确,你的谈话、你的社交往往能够取得良好的效果,只有目的明确了,也才知道应该准备什么话题和资料,采取何种说话语体风格,运用哪些技巧,从而做到有的放矢,临场应变。目的不明,无的放矢,不分场合,就难免东拉西扯,叫人不知所云,无所适从。

因此每次说话之前,不妨想一想:"我为什么要说?"或者,"人家为什么要我说?"预先想一想可能产生的效果,并把预期的效果当目标去为之努力。否则便达不到目的,有时甚至还会闹出笑话。

据说有个人讲话常常偏题,说不到点子上。在他结婚的时候,司仪让他讲话,他说:"我衷心地感谢大家在百忙之中赶来参加我们的婚礼,这是对我们的极大鼓舞,极大鞭策,极大关怀。由于我们俩是初次结婚,缺乏经验,还有待各位今后多多给我们以帮助、扶持和指导。今天有招待不周之处,欢迎大家多提宝贵意见,以便下次改进。"

这些话貌似彬彬有礼,实则滑稽可笑,很不得体。发言者根本未明确自己讲话的目的就乱放炮。

⊙ 善于调控,确保沟通目的实现

沟通目的的实现需要在交谈过程中自我控制,不断调节。

人类的言语交际是一个相当复杂的过程,当表达的一方按照预期的目的发出话语信息,或因措辞不当,或对交际对象缺乏了解,引起对方的误解或反感,这时就得加以控制调节,换一种说法,使对方易于理解,乐于接受;有时交谈的开始阶段是按原定目的进行的,可是说到中途,或因对方及周围情况的反应变化,或因兴之所至,谈走了题,偏离了原定目的,同样需要自觉控制,调节说话行为,以便回到原定话题上来。

这是实现沟通目的的最优化控制手段。

中肯：话语中肯，言之有物

如果一个人在沟通中所说的话语中肯，而且言之有物、不空乏，怎么会不受听众的欢迎呢？

⊙ **话语要中肯**

1915年，科罗拉多州一个煤矿区的矿工为了要求改善待遇，进行了罢工。因为公司方面处置不善，这次罢工又演变成了流血的惨剧。劳资双方都走了极端。这次罢工，持续了两年之久，成为美国工业史上一次有名的大罢工。那时管理矿务的人，就是美国石油大王洛克菲勒的儿子。这位小洛克菲勒，最初使用高压手段，请出军队来镇压，闹成了流血惨剧，不仅没有解决问题，反而使罢工的时间更延长下去，使他的财产受到了更大的损失。后来，他改变方法，用了柔和的手段，把罢工的事情暂时置之不谈，特地去和工人为友，到每个工人的家中去慰问，使双方的情感慢慢地转好起来。以后，他叫工人们组织代表团，以便和资方洽商和解。他看出了工人们已经对他稍稍释去了敌意，于是，便对罢工运动的代表们做了一次十分中肯的演说。这一次演说，把两年来的罢工风潮竟完全解决了。

他在那次演讲中说："在我有生之年，今天恐怕要算是一个最值得纪念的日子。我十分荣幸，因为我能够和诸位相识。如果我们今天的聚会是在两个星期之前，那么，我站在这里就会是一个陌生人了；因为我对于诸位的面孔的认识还只是极少数。我有机会到南煤区的各个帐篷里去看了一遍，和诸位代表都做了一次私人谈话。我看过了诸位的家庭，会见了诸位的妻儿老幼，大家对我都十分客气，完全把我看作自己人。所以，今天我们在这里相见，我们已经不是陌生人而是朋友了。现在，我们不妨本着相互的友谊，共同来讨论一下我们大家的利益。这是使人感到十分高兴的。参加这个会，是厂方职员和工人代表。现在蒙诸位的厚爱，我才能在这里和诸位相见并努力化除一切矛盾，彼此成为好友。这种伟大的友谊，我是终生不会忘掉的。我们大家的事业和前途，从此更是展开了无限的光明。在我个人，今天虽然是代表着公司方面的董事会，可是，我和诸位并不站在对立的地位。我觉得我们大家都是有着密切的关系和友谊的。我们彼此有关的生活问题，现在我很愿意提出来和大家讨论一下。让我们一起从长计议，获得一个双方都能兼顾到的圆满的解决办法，因为，这是对大家有利的事……"

小洛克菲勒的讲话，虽没有华丽的词藻，但话语中肯，引起了矿工广泛的共鸣，一下使自己脱离了困境。

⊙ 言之须有物

沟通除了话语中肯之外，还要言之有物，两者相辅相成，才能达到预期的效果。

人们在日常生活中都会遇到这样的情况，不管是听人作讲座，领导作报告，还是和周围的人聊天，常会碰到言之无物、空洞乏味的时候，上面讲得热闹，下面听众却觉得困顿乏味，嫌内容假大空，虚无缥缈，不知所云。

为什么会出现言之无物的情况呢？究其根本，问题在于谈话者、演讲者没有很好地理解自己的演讲内容。自己都不明白为什么要说话，怎么能期待给听众一个内容充实、言之有物的演讲呢？要解决这个问题其实并不困难，简单地说就是要很充分地精心准备自己的演讲内容，在演讲、讲话之前比较透彻地理解问题。

有一天，林肯律师事务所来了一位步履蹒跚的年老寡妇。她是一位阵亡士兵的妻室。她向林肯泣诉，说她应该领取的四百元的抚恤金，被一位发放抚恤金的官吏强索去二百元的手续费。林肯听了勃然大怒，立刻为她向法庭对那位官吏提起诉讼。

开庭的时候，林肯用愤怒的目光看着被告，他所说的话，差不多每个字都是十分中肯且言之有物。那种严正的态度、热烈的情感，几乎使他跳起来剥掉那个被告的皮:"时间一直向前迈进,1776年的英雄,已经成为过去了,他们是被安置在另一个世界中了。但是,那位英雄,已经长眠地下,他的年老衰颓而且又跛的遗孀,此刻来到我们的前面,请求替她申冤。在过去,她也是体态轻盈、声音曼妙的美丽的少女,现在她贫无所依了,没有办法,只好来向享受革命先烈所争取到的自由的我们,请求给予同情的帮助和人道的保护。我现在所要问的是,我们是不是应该援助她!"

林肯这样的一段中肯的话说完了,有人感慨得流下眼泪。大家一致认为那老妇人的抚恤金是分文不能少给的。法庭最后分文不少地追回了士兵遗孀的抚恤金,严肃审判了那个官吏。

言之无物、空洞乏味的话语会让人昏昏欲睡、心生反感,内容充实、言之有物的谈话才能受人欢迎、引人共鸣。

简明：简洁明快，精练得当

说得多不如说得巧，话不在多，贵在精当，点到就行，这是哈佛沟通课中的又一重要原则。在生活节奏紧张快速的现代社会中，没有人愿意花费大量的时间去听你的长篇大论。这就要求你在谈话时要做到言简意赅，一针见血，恰到好处。

简洁明快的语言能增添说话的魅力、沟通的效果，这是因为：

第一，简洁明快的语言是认识能力和思维能力高超的表现。话语的简洁常常体现出说话人分析问题的快捷与深刻。

第二，简洁明快的语言是果敢决断的性格表现。自信心强、办事果敢的人都说话干脆果断，不拖泥带水。

第三，现代社会节奏快，时间观念强，说话简洁会给人一种生机勃勃的现代人的感觉，所以，简洁明快的话语还是时代风貌的反映。

第四，简洁的话语既能不占用听者太多的时间，又能使听者觉得说话者很尊重他，所以，说话简洁的人受人欢迎。

我们都会有这种感觉，即那种说话唠唠叨叨、啰啰嗦嗦、拖泥带水、言语空泛的人，是很令人讨厌的。曾有位"啰嗦先生"在写给家人的信中说："吾于下月即将返里。不在初一即在初二，不在初二即在初三，不在初三即在初四，不在初四即在初五，不在初五即在初六，不在初六即在初七，不在初七即在初八，不在初八即在初九……不在二十八即在二十九。"其所以不写三十，因月小之故也。

"啰嗦先生"这封可简为"吾下月将返里"的书信，啰嗦了这么长，谁看了也会觉得索然寡味，十分讨厌。虽然这仅是一则笑话，但它也告诉我们一个深刻的道理：说话啰嗦就会失去魅力。许多说话啰嗦的人，常常是因为情绪激动而造成思维混乱，且语言表达前后倒置，条理不清。所以，要做到说话简洁明快，我们就要在思维和语言两个方面下工夫，不断练习，掌握技巧，适当发挥。

沟通中做到简洁说话，应注意以下5个方面。

⊙ **尽量简明扼要**

说话越简明越好，有的人在叙述一件事情时说了很多话，但还是无法把他的意思表达出来，以致听者花了很多时间和精力，仍然不知道他想说明什么东西。如果你有这种毛病，一定要自己矫正。矫正的最好办法是，在说话之前，先在脑子里做一个初步的计划，然后再把计划要说的东西讲出来。

⊙ **用语不要过多重叠**

在汉语里，有时的确要使用叠句来引起别人的注意，或者加强语气。但是，如果滥用叠句，就会显得累赘。例如，许多人在疑惑不解的时候常常会说："为什么为什么？"其实，一个"为什么"就足以表达你的疑惑之情，为什么偏要多加一个呢？还有的人答应别人一件事情的时候，常常说"好好好"，一连说上好几个。其实，说一个"好"字就足够了。

⊙ **同样的词语不可用得太频繁**

听者总希望说者的语言丰富多彩。我们虽然不必像某些名人所说的那样，每说一事都要创造一个新词汇，但也应该在许可的范围内尽量使表达多样化，不要把一个名词用得太频繁。即使是一个非常新奇的词，如果你在几分钟之内就把它复述了好几次或十几次，那么人们对它的新奇感会丧失，并对它产生一种厌倦感。

⊙ **要避免口头禅**

有些人在交谈中爱说口头禅，诸如"岂有此理""我以为""俨然""绝对的""没问题"一类的话几乎是脱口而出。不管这些话是否与所说的内容有关联，这类的口头禅说多了，不仅影响说话的效果，而且容易被别人当做笑柄。因此，这类的口头禅应下决心不说。

第一章 人人都可以高效沟通——沟通素养课

⊙ **不滥用术语**

粗俗的词不可用,太深奥的词,如专用术语也不可多用。如果不是与一个学者讨论学术问题或必须的情况下,过多地使用专业术语,即使你使用得很恰当,也会给别人以故弄玄虚的感觉。

通俗：深入浅出，通俗易懂

哈佛大学沟通课指出，沟通的最终目的在于让对方能听懂你说的意思，简明通俗的"大众话"通常能比华丽的语句将深奥复杂的道理讲得更为明白透彻，更容易让人接受。要把话说得人人都能认可和理解，不可不重视"大众话"的作用。

⊙ **说话要简明通俗**

说话的通俗性，是指说出的话不但要生动、巧妙，而且还要明白、易懂，使人乐于接受，语言表达要大众化。它包括两个方面的意义：一是用语通俗，一听就懂；二是意义通俗，深入浅出。违背这两点，不仅会让人觉得不知所云，甚至还会造成各种误解。下面举例说明：

说话要面对不同的听众，不同层次的听众，素养有很大差别，对语言的理解能力也有高低之分。因此说话就应力求通俗化、口语化，坚持就低不就高的原则。

说话如不考虑听众的接受能力，用那种文绉绉、酸溜溜的语言就既不亲切，又艰涩难懂，结果就会事与愿违，达不到应用的效果。

社交语言需要用讲话者和听者双方都习惯，用共同感兴趣的明白话来表达，这样才容易沟通感情，交流思想。若追求华丽新奇，过分雕琢的辞藻，听者就会认为这是在炫耀文采，从而对你的讲话一只耳朵进，一只耳朵出，你的话说得再漂亮也不会有什么力量。

日常讲话要力求明白晓畅，通俗易懂，那种"请恕冒昧"之类的话就显得故作"高雅"，听众未必喜欢。罗丹说："用铅笔画些花样，用色彩涂些炫耀的焰火，或是用古怪的文字写些光彩的句子，这些空头作家，就是世界上最机巧的人，然而艺术最大的困难和最高的境地，却是要自然地、相互地描绘和写作。"这句话对演说的语言也是适用的。

⊙ **多使用俗语、谚语、歇后语等大众化语言**

多使用大众化语言，也可以使表述更为通俗易懂，增加语言的特殊表现力。大众语言来自于大众群体。它包括俗语、谚语、歇后语等。在说话中巧妙地运用，能够增强沟通的感染力。

第一，俗语。俗语是通俗而广泛流行的定型语句，简练形象。恰当地引用俗语，可以增强说话或演讲中的幽默感和说服力。

第二，谚语。谚语是大众群体在长期的生产和生活实践中总结出来的语言，经历了千百年长期传诵，千锤百炼，凝结着大众群体丰富的思想感情和智慧。谚语具有寓意深长、语言精练、朗朗上口、便于记忆的特点。谚语和俗语一样，也可以为语言增色。

1985年5月，美国总统里根到苏联访问，两国领导人举行会谈。在欢迎仪式上，苏联领导人戈尔巴乔夫说："总统先生，你很喜欢谚语，我想为你收集的谚语再补充一条，这就是'百闻不如一见'。"

戈尔巴乔夫之意，当然是宣称他们在削减战略武器上有行动了。

里根也不示弱，彬彬有礼地回敬道："是足月分娩，不是匆忙催生。"

里根的谚语形象地说明了里根政府不急于和苏联达成削减战略武器等大宗交易的既定政策。

两国领导人经过紧张磋商，在某些问题上缩小了分歧，都表示要继续对话。戈尔巴乔夫担心美国言而无信，于是在说话中用谚语提醒："言必信，行必果。"里根也送给戈尔巴乔夫一句谚语："三圣齐努力，森林就茂密。"

两国领导人都是说话高手，巧妙地运用谚语进行磋商，收到了其他语言所难以达到的效果。

第三，歇后语。歇后语也是为人们所喜闻乐见的语言，在群众中广为流传。歇后语一般由前后两截组成，前半截是形象的比喻，像谜面，后半截解说，像谜底。在谈话中恰当运用歇后语，可以增强谈话的趣味性，增加语言的表现力。

例如，为说明某人工作进展缓慢，可说："他呀，大象屁股——推不动。"为了说明自己没有能力办这件事，可说："我是丫鬟带钥匙——当家不做主。"为了说明办了一件出力不讨好的事，可说："我办的这事真是'公公背儿媳'——费力不讨好。"等。

以上技巧通常是说，在沟通的语言运用上，要善于运用已有语言文化宝库中的珍贵宝藏，使我们讲话通俗易懂，为大众所接受。

第一章 人人都可以高效沟通——沟通素养课

真诚：真诚恳切，言行一致

在哈佛大学流传着这样一条格言，"诚实是最好的策略"。诚实常常比欺骗更能给一个人带来好处，尤其从长远和总体利益来看是这样。哈佛人认为，只有平时说话办事诚实，绝不扯谎骗人，这个人才可能得到别人的尊重，在社会中获得立足之地。

⊙ **说话贵在以诚动人**

中国儒家圣人孔子在教育学生的时候说，知之为知之，不知为不知。人们总容易犯这样的毛病，按照中国人的俗语说就是，嘴巴里面跑火车。说出话来让你分不清楚真假，云山雾罩的。时间长了人们就开始讨厌这样的人，把他的话也一概当成假话了。如果是这样就真的寸步难行了。特别是在商业社会，一个人的信誉就意味着一切，没有良好的信誉是很难取得成果的。

我们小时候都听过"狼来了"的故事，这个故事的教育意义不言自明。这个故事的结尾让人不寒而栗，试想如果这个放牛娃懂得"说话要诚实"的道理，就不会最后害了自己的性命。

说话诚实不仅仅是说讲话的内容要真实，不要撒谎骗人，而且语气也要诚恳，才能够打动别人，收到事半功倍的效果，是所谓"以诚动人"。

沟通的魅力并不在于你说得多么流畅，滔滔不绝，而在于你是否善于表达真诚。最能推销产品的人并不一定是口若悬河的人，而是善于表达真诚的人。当你用得体的话语表达出真诚时，你就赢得了对方的信任，建立起人与人之间的信赖关系，对方也就可能由信赖你这个人而喜欢你说的话，进而喜欢你的产品了。

不仅推销员讲话如此，就是日常说话也是同样道理。讲得最顺畅的演讲不一定就是好的演讲，这种演讲虽然流畅优美，但是如果少诚意，那就失去了吸引力，如同一束没有生命力的绢花，很美丽但不鲜活动人，缺少魅力。因此，把你的真诚注入日常交流之中，把自己的心意传递给对方，当听者感受到你的诚意时，他才会打开心门，接收你讲的内容，彼此之间才能实现沟通和共鸣。

推心置腹就是指话语真诚。所谓真，是指不矫揉造作，不言辞虚浮，能够保持说话人的自我本色。所谓诚，就是真心真意、不掩盖、真情流露。

⊙ **有诚意的话语才能获得他人心理认同**

林肯和美国上议院议员道格拉斯是竞选中的对手。他们曾在伊里诺斯州进行过一场轰动美国的著名辩论。在这场辩论中，林肯不仅取得了胜利，而且获得了誉满全美的"诚恳的亚伯"的称号，道格拉斯却被听众戏称为"小伟人"。

道格拉斯是个阔佬，他为了推销自己，特地租用漂亮的专列，车后安放一尊大炮，每到一站就鸣30响，配以乐队的喧闹，声势之大，为历史之最。并口出狂言："要让林肯这个乡下佬闻闻贵族的气味。"林肯则买票乘车，每到一站就登上朋友们为他预先准备好的马拉车。面对道格拉斯的强大挑战，他以退为进，沉着应战。

在一次演讲中，林肯说道："有人问我有多少财产？我有一个妻子，三个儿子，都是无价之宝。此外，还租有一个办公室，室内有办公桌子一张、椅子三把，墙角还有一个大书架，架上的书都值得一读。我本人既穷又瘦，脸蛋很长，不会发福。我实在没有什么可依靠的，唯一可依靠的就是你们。"

林肯的真诚首先在不讲排场，与选民心距拉近；内容上，贴近常人之心；谁个没有妻室儿女？他却称他们是无价之宝。

这是情感认同；租用的办公室，家具少，书架大，投合选民们理想中的总统形象：

廉洁，勤奋，富有学识。

这样的自我介绍，不无幽默，这是形象的心理认同。最后，不把自己当作选民的救星,而把选民当作自己唯一的依靠,予以得体恭维,从而获得心理的亲近认同,通过这些推心置腹的讲话,获得选民的普遍认同,从而一举获胜。

情感：情感充沛，有感染力

哈佛大学沟通专家在授课中向听众指出，在话语交际过程中，要使对方感受到情感的真实，说话人的话语一定要受到发自内心的充沛的情感支配。

⊙ 说话要有真情实感

有人说得好："只有被感情支配的人最能使人相信他的情感是真实的，因为人们都具有同样的天然倾向，唯有最真实的生气或忧愁的人，才能激起人们的愤怒和忧郁。"

正当希腊面临马其顿王国的入侵，而有遭受亡国和失去自由的危机的时候，希腊著名演说家德摩斯梯尼曾经作过一次著名的演说，他的每一句话，每一个词语都充满着发自内心的极为丰富的爱国主义情感。

他热情洋溢地说："即使所有民族同意忍受奴役，就在那个时候，我们也应当为自由而战斗。"从这洋溢着爱国热情的词句中，人们看到了一颗真挚的拳拳之心，因而他的演讲激励了无数的希腊人从聆听演说的广场直接奔赴战场，连向家人作一声道别也认为耗费了时光。他的敌人，马其顿的国王腓力见到这篇演说词，也不由感慨地说："如果我自己听过德摩斯梯尼的演说，连我也要投票赞成他当我的反对者领袖。"

"感人心者，莫先乎情。"能让对手击节赞叹，这其中蕴含了多么真挚、奔涌的情感，这炙热的爱国主义情感从心底的火山喷发，产生了惊天动地的力量！

人是有感情的动物，对感情尤为敏感，而语言所负载的信息，除了理性信息之外，就是情感信息。这种情感信息的内涵十分丰富，它的功能不仅是要诉诸人的理智，而且是要打动人的情感。"感人心者，莫先乎情"，这就要求我们在说话中，一定要充满着讲说者自己的真情实感。所谓情感，就是人接触客观外界事物所产生的肯定或否定的心理反应，诸如喜欢、愤怒、悲伤、恐惧、爱慕、厌恶等。

⊙ **话语之"情"，要出于肺腑**

人在日常交往沟通中，深厚稳定且有原则性的情感，往往会产生巨大的鼓舞力量。因此，"情"是口语表达的一个重要因素。

在人际交往中，话语所饱含的情，就会在传递信息、思想的同时产生言语魅力和感染作用，从而取得圆满的交际效果。俗话说，"情自肺腑生，方能入肺腑""通情才能达理"。列宁也认为："没有人的情感，就从来没有，也不可能有人对真理的追求……只有被感情支配的人才能使人相信他的情感是真实的，因为人们都具有同样的天然倾向，唯有最真实的生气或忧愁，才能激起人们的愤怒和忧郁。"这就是说，说话人的话语一定要受到发自内心的充沛情感的支配，才可能产生感染力、影响力和号召力。

世界最著名的演讲家之一，美国黑人领袖马丁·路德·金在林肯纪念堂前发表了《美国给黑人一张不兑现的期票》的演说，其高潮部分是这样的：

"回到密西西比去吧！回到阿拉巴马去吧！回到南卡罗来纳去吧！回到佐治亚去吧！回到路易斯安纳去吧！既然知道这种境况能够而且一定改变，那就回到我们南方城市中的陋巷和贫民窟去吧！我们绝不可以陷入绝望的深渊中。"

"今天，我对大家说，我的朋友们，即使我们面临着今天和明天的各种艰难困苦，我仍然有个梦想，这是深深扎根于美国人梦想中的梦想。我梦想着，有那么一天，我们这个民族将会奋起反抗，并且一直坚持实现它的信条的真谛——'我们认为所有的人生来平等是不言自明的真理'。"

"我梦想着，有那么一天，甚至现在仍为不平等的灼热和压迫的高温所炙烤着的密西西比，也能变为自由与和平的绿洲。

"我梦想着，有那么一天，我四个孩子，能够生活在不以他们的肤色，而是以他们的品行来判断他们的价值的国度里。"

"我梦想着,有那么一天,就在邪恶的种族主义者仍然对黑人活动横加干涉的阿拉巴马州,就在其统治者抱不取消种族歧视政策的阿拉巴马州,黑人儿童将能够与白人儿童如兄弟姐妹一般携起手来。"

"我梦想着,有那么一天,沟壑填满,山岭削平,崎岖地带铲为平川,坎坷地段夷为平地,上帝的灵光大放光彩,芸芸众生共睹光华!"

"这就是我们的希望!这是我们返回南方时所怀的信念!怀着这个信念,我们能够把绝望的群山凿成希望的磐石。怀着这个信念,我们能够将我国种族不和的喧嚣变为一曲友爱的乐章。怀着这个信念,我们能够一同工作,一同祈祷,一同奋斗,一同入狱,一同为争取自由而斗争。坚信吧,总有一天我们会自由……"

在这段演讲中,马丁·路德·金用四段"我梦想着"领起的排比式表述,深情地、正面地、具体地表现了对自由的渴望,语势磅礴,一泻千里。他热切地期望种族歧视最严重的密西西比变成"自由与和平的绿洲",希望自己的孩子在有高尚品德和卓越才能的情况下不因肤色不同而得不到公正对待,希望黑人儿童与白人儿童能像兄弟姐妹一样携起手来,和睦相处,由此甚至希望一切都变得公平正义,坦途通天。

作为民权运动的领袖,他的这些话完全发自肺腑,道出了千百万黑人的心声,使得在场的听众有的呐喊,有的喝彩,有的悄然流泪,有的失声痛哭。话语之"情",出于肺腑,方能入肺腑,达到以情动人的效果。

第二章 赢得人心的完美沟通艺术——沟通风格课

哈佛沟通课强调，沟通最忌单调呆板、枯燥乏味，平淡无味的说语对谁都没有吸引力。说话中，插入一句活泼风趣的话语，既能活跃气氛和场面，又可让人眉开眼笑，点头称是。

沟通要到位，说话先到位。把话说到位的一个重要准则就是说话要形象生动，富有情趣。借助比喻、含蓄、赞美、幽默等说话技巧，可使自己所说的话既多彩多姿、活力四射，又意蕴深刻、耐人寻味，更容易被别人接受。

形象：说话要有声有色

没有谁会对一成不变、呆板、枯燥的发言保持浓厚的兴趣，在交谈沟通过程中，要注意遣词灵活、生动形象，不断给听众以新颖刺激，这样才能步步为营，达到传输信息的目的。

体现说话水平的发言活泼的原则特征主要表现在三个方面。

⊙ **多变的风格**

诸葛亮舌战群儒就是恰当地针对不同对象，采用多种讲话风格。面对东吴暗怀降曹之心、拘于一孔之见的儒士大臣们的唇舌挑衅，诸葛亮谈笑风生，其言辞犀利，妙语如珠，如说张昭、步骘；或冷嘲热讽，如对薛综、陆绩；或慷慨激昂，如对虞翻、严峻；或条分缕析，鞭辟入里，如对程德枢等；还巧言相激孙权、周瑜，从而为火烧赤壁、大败曹兵奠定了基础。

据说，有一次，国画大师张大千的弟子为其举行饯行酒宴，社会各界名流均应邀出席。大千先生为人一向孤傲。大家入席坐定，不免有点拘谨，宴会开始后只见大千先生举杯来到京剧大师梅兰芳先生面前："梅先生，你是君子，我是小人，我先敬你一杯。"众宾客听罢一惊，梅先生也不解其意："此话怎讲？"只见大千先生笑答："你唱戏，动口，你是君子；我画画，动手，我是小人嘛。"于是满堂宾客大笑不止，梅先生也乐不可支，举杯一饮而尽，宴会十分热烈。大千先生一扫平日之孤傲，以幽默的话语风格达到了当众讲话的目的——巧调氛围，显出大师技高一筹的说话水平。

⊙ **多变的视角**

所谓视角，是指人们观察事物的角度。同一事物，从不同的角度观察认

第二章 赢得人心的完美沟通艺术——沟通风格课

识，其感官认知的结果便不相同。话语的表达视角，在言语交际中是个很重要的因素。人的思想无非"情""意"二字；一篇言辞，一番话语，表情达意，其表达的视角也应当随意而转，随情而变，如：美国著名作家马克·吐温善于利用多角度表情达意，甚至应付责难。在一次酒会上答记者问时，他说："美国国会中有些议员是狗娘子养的。"记者通过新闻媒介把此话捅了出去。华盛顿议员们大为愤怒。纷纷要求马克·吐温道歉并予以澄清，否则就将以法律手段控告他。过了几天，《纽约时报》上果然刊登了马克·吐温致联邦议员们的道歉启事："我考虑再三，觉得此话不恰当，而且也不符合事实，故特此登报声明，把我的话修改如下：'美国国会议员中有些议员不是狗娘子养的'。"马克·吐温巧用肯定与否定的不同视点，将同一思维形式以不同句式表达，貌似不同，实则仍旧表达自己的轻蔑和鄙视。

⊙ **多变的句型**

人类语言丰富多彩，要生动运用丰富多变的口语句型形象，直接表达说话沟通目的。这一特点，人们在日常言语、社交谈话、会议报告、节目主持，以及一些论辩、促销、导游等多种口才表现形式中可见一斑。具体说来，句型多变主要表现在不仅有常见的主谓句，还有很多非主谓句，如名句、动句、形句；主谓倒装，定状异位，等等。如当年日本侵略者将天津"南开"炸得一塌糊涂，不少人哀叹："南开成了难开。"当时的南大校长张伯苓听了，说："难开?那要加一个标点：'难，开'"这里张校长巧用标点，将"难开"这一偏正短语变为转折关系的复句，便将那知难而进，遇挫愈坚的意与情恰到好处地表现出来了。事后有人为此专门撰文《一个标点显人格》，可见句型多变的艺术魅力。

逻辑：说话要严谨缜密

说话沟通切忌含糊不清、思绪混乱、颠三倒四、前后矛盾、互相抵触，这样说话的人毫无疑义不能正确表达自己的观点，开展良性的沟通，赢得宽松的人际关系。

哈佛沟通专家指出，为了使我们的语言能够更好地表达出我们的本来意思或者思想，我们在说话的时候应力求言之有序，条理分明。说话有条有理，不颠三倒四，不丢三落四，按照一定的逻辑顺序把事情、道理说清楚，体现说话人思路清晰，观点明确，前后一致，说理严密，合乎逻辑。这个逻辑就是说话人要共同遵守的说理规则。下面介绍两种说理的逻辑方法。

⊙ **类比法**

这是一种根据两类事物某些属性的相同或相似，推断出它们其他属性也可能相同或相似的逻辑方法。运用这种方法说理，有助于听话人触类旁通地明白事理。例如老作家秦牧《试谈积累知识和描绘事物》中的一段话："最后谈谈基本功的问题。基本功对于拿笔杆子的人很重要，不练是不行的。俗话说：'拳不离手，曲不离口。'绘画的人常画，唱歌的人常唱，而搞文字的人怎么可以几个月不写东西呢？"把写作和绘画、唱歌类比，它们都属于文艺创作的范围，具有相同的基本属性，且通俗易懂，有说服力。但是要注意不要机械类比，就是把事物间的偶然相同或相似作为论据，或者是把表面上有些相似，而实质上完全不同的事物进行类比，从而推出一个荒谬的或毫不相干的结论。

⊙ 反证法

中国有一个"自相矛盾"的成语故事，有一个人同时贩卖矛与盾，他向买家吹嘘他的矛是"无坚不摧"的，盾呢，是刀枪不入的。于是，有人马上提议他"以子之矛，攻子之盾"来验证一下他的宣传是否可靠，这人当场哑口无言。这就是反证法的具体运用。有时对某个道理或问题，不容易从正面解释或反驳，不妨就换个说理方法，通过论证与此相反的论题的正确与否，来反面说明问题的是非曲直。

为了让我们说话更加具有说服力，不如学习一些简单的逻辑方法，除了以上介绍的两种，还有两难逻辑、归谬法等。

有的人说起话来，总是拖拖拉拉，含糊不清。特别是当一个人叙述自己亲身经历的时候，更容易因为激动，巴不得把所见所闻全盘托出，结果却叫人听起来非常吃力。究其原因，是因为思绪混乱，缺乏逻辑。因此，我们在叙说事理的时候，最重要的是层次清晰，条理合乎逻辑。在交谈以前，应当先在脑子里将所要讲的事情好好地整理一下，分成几个清楚明确的段落，摒除一些不大重要的细节。这样开始说话时，就会有条不紊，清晰顺畅地阐述自己的观点，达到自己的愿望。

沟通注重条理，说话讲究逻辑，会让你的话语条理兼备，不露破绽和漏洞，具有雄辩的说服力，轻松征服对方。

比喻：用鲜活的形象打动对方

在说话沟通的技巧中，比喻是一种较为常见的手法。它可以使很复杂的问题变得简单，抽象的问题变得具体，枯燥乏味的问题变得生动有趣。

说话沟通中使用比喻，有必要注意比喻的技巧。比喻有两个成分：一个是被描绘、被比喻的事物，叫"本体"；一个是用来打比方的事物或现象，叫"喻体"。本体、喻体是不同的东西，有本质差别，但两者之间又有一定相似之处。本体大多比较抽象、深奥，或是生疏而不易理解；喻体则具体、浅显，为人们所熟悉。比喻形式通常有明喻、暗喻、借喻三种形式。

⊙ **明喻**

明喻，就是说清楚这是在打比方。在修辞中通常用"像""好像""如""一样""一般""犹如""似的""像一样"等喻词来连接本体和喻体。

直接运用比喻，即不但说出喻体，而且还要点明比喻的道理。春秋战国时期"墨翟止楚攻宋"的故事，是很典型的一例。

墨翟是中国古代的伟大思想家。他学识渊博，多才多艺，在中国战国时期，创立了墨家学派。它批判了春秋战国时期诸侯之间连年不断的兼并战争，提出了"非攻"的思想，认为这些战争一类是非正义战争，称为"攻"，另一类是正义战争，称为"诛"。他反对非正义战争，反对侵略和掠夺。为了制止非正义战争，他曾经不断奔走呼号，到处劝阻。

一次，当他听说楚国准备攻打宋国，就不辞辛劳，步行千里，去楚国劝楚王退兵。见到楚王后，墨翟就提出一种怪现象请楚王回答。他说："现在有这么一个人，舍弃自己华丽的车子不坐，想去窃取邻人的破车；舍弃自己的锦绣衣服不穿，想去窃取邻人的粗布衣服；舍弃自己的粮肉不吃，想去窃取邻人的糟糠恶食——你认为这是怎样的一个人呢？"

楚王回答："必然是盗窃成性的人。"接下去墨翟就很不客气地指出，楚王去攻打宋国是以大凌小，以强欺弱，就像那个盗窃成性的盗贼一样，也是去窃取邻国的破车、粗衣、恶食，属于不义的行为。楚王无言以对。但侍立在楚王一侧的宰相却说："宋国的几个王侯，经常去掠夺别国百姓钱财，不应该讨伐吗？"墨翟把这种讨伐之战，作了一个比喻，他说："假如有一种药，一万个人吃了，只治好了四五个人的病，而其余的人都受了害，那么，这种药对人民就是无益而有害的。这种不义之战，获利的只是荆吴之王、齐晋之君，遭殃的却是广大的平民百姓。"

楚王和宰相，都被墨翟的道义所折服，于是取消了攻打宋国的这场战争。

⊙ 暗喻

暗喻是指只出现本体和喻体而不用比喻词连接的比喻。这种方法由于富有隐含性，使用效率更高。

庄子曾一度做过管漆园的小吏，后来，他厌弃官场，轻视高官厚禄，看破红尘，参透人生，于是游戏人间。他虽然过着"困窘织屦，槁项黄馘"的生活，但只图逍遥自在。楚威王听说庄子很有才干，便派了使臣，带了千金重礼，来民间寻访，想聘他为相。

一天，衣衫褴褛的庄周，正坐在柳下垂钓。阳光下，濮水泛着银波缓缓向前流去，垂柳婆娑，倒映在流淌的江水中相映成趣。庄周优哉游哉，对身后走过来的两个峨冠博带的人物，一点也没有觉察。

"对不起，打搅您了，老夫子。我俩是楚威王的钦差，奉命前来恭请您进宫总揆国务。"说完拿出重金。

来人的话和千金重礼丝毫没有引起庄周的重视。他手执钓竿，头也不回，漫不经心地说："千金是很重的财礼，卿相是尊贵的职位。但听说楚王有只神龟，已经死了三千多年。楚王毕恭毕敬地将其尸骨藏在盖有丝巾的竹箱里，供奉在庙堂上。你们说，这只乌龟是愿意丢下遗骨取贵于庙堂呢？还是愿意活着在泥水里自由自在地摇尾游弋？"

"当然愿意在泥水中无拘无束地生活喽！"

庄周接着说："既然如此，就请二位回宫去吧！"

庄子拒绝做官，但不明说，而是巧用暗喻，表明他要像栖息在泥水中的龟那样逍遥地度过残生。

暗喻是字面上不说，而是通过打比方，当作实有其事来表现。说辩中的"暗喻术"，则是在这两种具有某种相似之处的不同事物中，用其中一种来描写和说服另一种事物。另一种事物始终不出现，把联想的余地留给对方，把埋藏在腹中之语，由对方去领悟。

⊙ 借喻

所谓借喻，是指本体和喻词都不出现，直接把喻体当本体说的比喻。鲁迅先生在《拿来主义》一文中，在论及"我们要运用脑髓，放出眼光，自己来拿"的论点时，使用了借喻这一手法。

"譬如罢，我们之中的一个穷青年，因为祖上的阴功（姑且让我这么说说罢），得了一所大宅子，且不问他是骗来的、抢来的，或合法继承的，或是做了女婿换来的。

"那么，怎么办呢？我想，首先是不管三七二十一，'拿来'！但是，如果反对这宅子的旧主人，怕给他的东西污染了，徘徊不敢走进门，是孱头；勃然大怒，放一把火烧光，算是保存自己的清白，则是浑蛋。不过因为原是羡慕这宅子的旧主人的，而这回接受一切，欣欣然地走进卧室，大吸剩下的鸦片，那当然更是废物。

"'拿来主义'者是全不这样的。

"他占有、挑选。看见鱼翅，并不就抛在路上以显其'平民化'，只要有养料，也和朋友们像萝卜白菜一样的吃掉，只不用它来宴大宾；看见鸦片，也不当众摔在茅厕里，以见其彻底革命，只送到药房里去，以供治病之用，却不弄"出售存膏，售完即止"的玄虚。只有烟枪和烟灯，虽然形式和印度、波斯、阿拉伯的烟具都不同，确可以算是一种国粹，倘使背着周游世

第二章　赢得人心的完美沟通艺术——沟通风格课

界，一定会有人看，但我想，除了送一点进博物馆之外，其余的是大可以毁掉的了。还有一群姨太太，也大可以请她们各自走散为是，要不然，'拿来主义'怕未免有些危机。"

鲁迅先生在文章中，借取得这样一所大宅子"占有""挑选"的种种情况作为比喻，论述了吸取外来的文化的重要性，有力地证明了中心论点，说明了"没有拿来的，人不能自成为新人，没有拿来的，文艺不能自成为新文艺"的道理，既深刻，又形象具体。

含蓄：言在此而意在彼

哈佛人善于运用委婉含蓄的方法与人沟通，在他们看来，委婉含蓄是一种既温和婉转又能清晰明确地表达思想的谈话艺术，是运用迂回曲折的语言含蓄地表达本意的方法。

说话者特意说些与本意相关的话语，以表达本来要直说的意思。这是语言和人际沟通中的一种缓冲方法，它能使本来也许困难的交往，变得顺利起来，让听者（或观众）在比较舒适的氛围中领悟本意。

⊙ **言在此而意在彼**

它的显著特点是"言在此而意在彼"，能够诱导对方去领会你的话，去寻找那言外之意。从心理学的角度来看，委婉含蓄的话，不论是提出自己的看法还是劝说对方，都能比较适应对方心理上的自尊感，使对方容易赞同，接受你的说法。有些话，意思差不多，说法稍有不同，给人感觉却大不一样，如：谁——哪一位；不来——对不起，不能来；不能干——对不起，我不能做；什么事——请问你有什么事；如果不行就算了——如果觉得有困难的话，那就不麻烦你了……前者太直白，后者委婉动听了许多，让人容易接受。

林肯一直以具有视觉效果的词句来说话，当他对每天送到白宫办公桌上那些冗长、复杂的官式报告感到厌倦时，他提出了反对意见，但他不会以那种平淡的词句来表示反对，而是以一种几乎不可能被人遗忘的图画式字句表达。

"当我派一个人出去买马时，"他说，"我并不希望这个人告诉我这匹马的尾巴有多少根毛。我只希望知道它的特点何在。"

◉ **委婉含蓄的常用表达方法**

委婉含蓄的表达方法有以下几种：赞扬法，目的是顾全对方的面子，使对方容易下台；暗示法，很难说出口的话可以采用这种方法；模糊法，只可意会不可言传，等等。

赞美：赢得人心才能赢得沟通

哈佛大学社会学者告诉人们，要建立良好的人际关系，恰当地赞美别人是必不可少的。我们每个人都希望自己受到别人的赞美，而实际上，我们花了很大的精力，希望从他人那里得到赏识，但是，周围充分理解自己言行的人并不多，而我们自己也很少评论那些发生在周围的、我们所喜欢的言行。这一点着实令人感到奇怪，因为表示赞赏是非常容易的，不需要任何代价，而在赞美别人后自己得到的回报却是多方面的。

人人都喜欢被赞美。美国著名社会活动家曾推出一条原则："给人一个好名声。"如果你能以诚挚的敬意和真心实意的赞扬满足他人的自我，那么他人可能会变得更令人愉快、更通情达理、更乐于协力合作。

赞美别人时如不审时度势，不掌握一定的技巧，即使你是真诚的，也会变好事为坏事。哈佛沟通课指出，开口赞美前一定要遵循以下法则。

⊙ **真诚赞美**

每个人都珍视真心诚意，它是人际交往中最重要的原则。英国专门研究社会关系的卡斯利博士曾说过：大多数人选择朋友都是以对方是否真诚而决定的。

⊙ **讲究场合，合乎时宜**

赞美的效果在于相机行事、适可而止。当别人计划做一件有意义的事时，开头的赞扬能激励他下决心做出成绩，中间的赞扬有益于对方再接再厉，结尾的赞扬则可以肯定成绩，指出进一步的努力方向，而达到"赞扬一个，激励一批"的效果。

⊙ 具有特点

人的素质有高低之分,年龄有长幼之别,因人而异、突出个性、有特点的赞美比一般化的赞美能收到更好的效果。

⊙ 赞美一个人的行为

当你赞美一个人的行为或贡献时,你的赞许更显得真诚,而且,如果别人知道他的确值得被赞美,会获得最好的效果。赞美行为比赞美本人更可以避免功利主义或偏见。

⊙ 翔实具体

在日常生活中,人们有非常显著成绩的时候并不多见。因此,交往应从具体的事件入手,善于发现别人哪怕是最微小的长处,并不失时机地予以赞美。赞美用语愈翔实具体,说明你对对方愈了解,对他的长处和成绩愈看重。

幽默：幽默让沟通搭上快车道

幽默是哈佛人在沟通中经常运用的一大技巧。美国心理学家保尔·麦基认为，幽默感对于人的社交能力的发展起着举足轻重的作用。

幽默是一个人的学识、才华、智慧、灵感在语言表达中的闪现，是一种"能抓住可笑或诙谐想象的能力"，是对社会上的种种不协调、不合理的荒谬现象、偏颇、弊端、矛盾实质的揭示和对某些反常规言行的描述。幽默语言可以使我们内心的紧张和重压释放出来，化作轻松的一笑。

在沟通中，幽默语言如同润滑剂，可有效地降低人与人之间的"摩擦系数"，化解冲突和矛盾，并能使我们从容地摆脱沟通中可能遇到的困境。

在社交中，谈吐幽默的人往往取胜，没有幽默感的人往往会失败。在交际场合，幽默的语言极易迅速打开交际局面，使气氛轻松、活跃、融洽。在出现意见有分歧的难堪场面时，幽默、诙谐便可成为紧张情境中的缓冲剂，使朋友、同事摆脱窘境或消除敌意。

此外，幽默、诙谐的语言还可以用来含蓄地拒绝对方的要求，或进行一种善意的批评。

幽默有时让人感到神秘。有人想学，却无法学会；有人没怎么学，却脱口而出。那幽默是不是与生俱来、天赋而生的呢？经过研究发现，幽默是人的独特性情气质，和游戏一样，是人的本能。在对一些具有幽默感的人进行研究之后发现，幽默确有某种遗传基因存在。中国著名相声表演艺术大师侯宝林和他的两个儿子，著名喜剧表演艺术家陈强和他的儿子陈佩斯，都可以说是幽默是天赋的证明。虽然有遗传的因素存在，但幽默感并不神秘。它主要还是在后天的社会实践中培养和训练而成的。

哈佛沟通课启发人们,在沟通中要掌握和运用有关幽默的一些方法和技巧。

⊙ 对比

对比是产生幽默的基本手法。对比是指把两种(或两种以上)互不相干(甚至是完全相反)的,彼此之间没有历史的或约定俗成的联系的事物放在一起对照比较,以揭示其差异,即不协调因素。在幽默中,对比双方的差异越明显,对比的时机和媒介选择越恰当,对比所造成的不协调程度就越强烈,观赏者对对比双方差异性的领会就越深刻,此时对比所造成的幽默意境也就越耐人寻味。

⊙ 移植

移植是幽默的主要技巧手段之一,即把在某种场合中显得十分自然、和谐的情节或语言移至另一种迥然不同的场合中去,使之与新环境构成超出人们正常设想和合理预想的种种矛盾,从而产生幽默的效果。移植包括情节移植和语言移植。情节移植以违背人们的正常思维逻辑为前提。

⊙ 颠倒

颠倒是构成幽默的矛盾冲突的主要技巧手段之一,即在一定的条件下改换人物本末、先后、大小、尊卑等关系,从而创造出具有浓郁幽默情趣的喜剧性场面。有时,词序的改换也能产生同样的幽默效果。人物关系的颠倒可以表现为父子、夫妻、长幼、男女、主仆等内容的错位,形成与人们沿袭的传统观念相悖的新关系,具有极大的荒谬性和戏剧性,以致出现了风趣幽默的情节和结局。

⊙ 谐音双关

谐音双关是幽默语言交叉技巧中常用的一种修辞格式,即利用词语的同音或近音条件构成双重意义,使字面含义和实际含义产生不谐调交叉。谐音双关以语音为纽带,将两个毫不相干的词义联系在一起,使观赏者通过联想领悟艺术家的幽默感。

幽默要有创意,是形象思维,因而联想和想象是不能没有的。不但要研究幽默名家的作品和来自民间的幽默精品,而且要广泛地了解各种艺术形式,增强自己的艺术敏感,训练自己由此及彼、由表及里地在各个意象间构建想象的能力。

　　法无定规,幽默没有现成的模式可以遵循。我们面对的是变动不息的人群,所以幽默也只有因人因事而异,才能达到效果。

第二章　赢得人心的完美沟通艺术——沟通风格课

变通：说话有技巧，沟通无极限

哈佛沟通课强调沟通要遵循一定的原则，但也不完全囿于原则。原则，是一条待人接物的轨道；但是墨守原则，这条轨道便会成为碍手碍脚的束缚，不但窄化了你的视野，并且局限了你的人生。不论是说话，还是办事，都应该遵从"可以随时改变你的原则"。

⊙ **沟通切忌板滞固守原则**

从前有个读书人，自认学富五车，无论做什么事情，都喜欢引经据典、咬文嚼字一番。根据他的说法，是为了"不违古训"，展现读书人的"满腹经纶"。

一天，读书人的家里突然发生火灾，救火不及的大嫂气喘吁吁地对他说："快点叫你哥哥回来救火，他在隔壁王大爷家下棋。"

读书人出了大门，心想："嫂子叫我快一点，这有违古训，圣贤书上不是都说'欲速则不达'吗？我怎么能匆匆忙忙的呢？"

因此，他慢慢吞吞地走到王大爷的家，看见哥哥和王大爷正在兴高采烈地弈棋，读书人走上前去，默默地站在哥哥身旁观棋。好不容易，这精彩的棋局总算下完了，读书人这才说道："哥哥，家里失火，嫂子叫你快点回去救火！"

哥哥一听，简直气得说不出话来，他浑身直抖，过了好一会儿，才咬牙切齿地骂道："这么严重的事，你为什么不早点说？"

读书人一脸理所当然的样子，指着棋盘上的字说："难道你没看见这棋盘上清清楚楚地写着'观棋不语真君子'吗？"

到了这种地步，还要什么斯文！哥哥听不下去，举起拳头正要打他，但想一想，到了这种地步就算打了他也无济于事，于是硬生生地将拳头缩了回来。

读书人见哥哥缩回拳头，反而把脸凑了过去，说道："哥哥，你打吧！棋盘上写着'举手无回大丈夫'，你怎么可以把手缩回去呢？"

孔子说："深则厉，浅则揭。"意思是当人们穿着衣服过河时，若是遇到水浅的时候，可以把衣服拉高了涉水过去，但是万一水太深了，怎么样都无法避免弄湿，你又何必多此一举地把衣服拉高呢？

连孔子这样的至圣先师都不能不依照情况调整他做人处世的方法，我们身为凡夫俗子，又岂能那么不知变通？

⊙ **随机应变，灵活变通沟通方式**

每个人都有自己的原则，都有自己的习惯，但是当情况改变了，你若不能跟着改变，你就会被淘汰。固守原则，未必是件坏事，但是不知变通，你的路便会越走越窄，只有纵观全局的人，才能进退得宜，海阔天空。

哈佛沟通专家认为，沟通要讲原则，也要讲变通。过于讲原则则难免固执泥滞，不利沟通。说话和沟通要根据时间、地点、人物、情境的变化变换话题，随机应变，灵活变通，这样在遇到很难解决的问题时，就会变不可能为可能，使不可容的问题变得相容和一致。

第三章　说好关键的第一句话——开场沟通课

哈佛沟通专家指出，开场白影响交流的效果，决定沟通的成败。与人交往谈话时有一个良好的开端极其重要，如果你说出的第一句话准确得体并能赢得对方的好感，那么沟通自然就会十分容易地深入下去。相反，如果你说出的话让对方反感和忌讳，那么沟通不可避免地要碰钉子。

因此，说话和沟通一定要掌握技巧。在与别人交往谈话时，要让自己的第一句话就能打动人心，为以后的顺利沟通和交往打下一个良好的基础。

开个好头：把握开场最初10秒钟

有一位哈佛演说家说，我们开始说话的10秒钟最能吸引听众。原因是：在这最初的10秒钟内，每个人都会有意无意地来表达自己的真实感觉。所以，如果你抓住了这10秒钟，整个说话的场合就会形成一种有利于你的形势。

如何把握住这最初的10秒钟呢？哈佛沟通课总结了以下几点技巧。

☉ **用吸引人的故事或幽默开头**

感人的故事（尤其是真人真事）或能够使观众们发出会心笑声的幽默，能够一下便抓住听众的心，即使前面发言者已使观众思绪分散，也仍然能起到把握全局情绪的作用，引起听众的兴趣，从而使自己很快被听众所接受。

☉ **用一些物品吸引听众**

一张图纸、一个战场上带回的实物或是一张相片，因其能够直观地反映一定的主题，故能很快地把听众吸引过来。如果讲者乐意，他还可能将自己的话题抽象成一幅画——根本不必去追究它的艺术性，或者随便写几个有趣的大字。别出心裁的举动也能一下集中听众的注意力，只要物品有助于讲者借题发挥就行。

☉ **不妨用提问来开头**

提问，是有趣的开头法。在问题提出以后，几乎所有感兴趣的人都会去思考，并产生一种要求知道正确答案的欲望，而这将能使听众的注意力得到迅速地集中——他们等着用你说出的答案去验证自己的判断。但是要注意，提出的问题不要过于简单，要能"发人深省"引起思考，或能使听者有所收益。

⊙ **制造悬念**

可以通过听众的求知欲而造成悬念，采用此种讲话开头方法时可能需要一些"内幕"消息。无疑，这也是一种很好的吸引听众的方法。

⊙ **从听众的利益和关心焦点出发**

有经验的沟通者，往往善于将自己的讲话与听众的切身利益联系起来，即使牵强一些，为了开始讲话时能吸引听众，有时也不得不有策略地绕个弯子，待听众兴趣已起时再转入正题。

⊙ **从与听众的共鸣说起**

共同的经历或遭遇、共同的研究专业和方向、共同的希望和展望等，都是能够引起听众共鸣的话题，以此种方式开场，常常更易于使自己被听众"认同"。

⊙ **用一句名言开场**

名人名言是很好的开场白。哈佛大学心理学家认为，公众具有崇拜权威（名人是人们自认的权威）的共同心理。名人的话对听众来说总是具有一种特殊的魅力，因而也最易于将听众的注意力集中起来。

⊙ **先赞扬听众**

世人都爱听赞颂之辞，因此，具体的赞扬会使他们很注意听，同时，也会使讲话者被认作是一个和蔼可亲的人而被听众接受。

一语定乾坤：初次见面说好第一句话

社交中，常会与一些陌生人打交道。初次见面的第一句话是留给对方的第一印象，这第一句话说好说坏，关系重大。哈佛人际关系学家指出，说好第一句话的关键是：亲热、贴心、消除陌生感。常见的有以下三种方式。

⊙ **攀认式**

赤壁之战中，鲁肃见诸葛亮的第一句话是："我，子瑜友也。"子瑜，就是诸葛亮的哥哥诸葛瑾，他是鲁肃的同事挚友。短短的一句话就定下了鲁肃跟诸葛亮之间的交情。

任何两个人，只要彼此留意，就不难发现双方有着这样或那样的"亲""友"关系。例如：

"你是复旦大学毕业生，我曾在复旦进修过两年。说起来，我们还是校友呢！"

"您是体育界老前辈了，我爱人是个体育迷；您我真是'近亲'啊。"

"您来自苏州，我出生在无锡，两地近在咫尺。今天能够遇见同乡，令人欣慰！"

⊙ **敬慕式**

对初次见面者表示敬重、仰慕，这是热情有礼的表现。用这种方式必须注意：要掌握分寸，恰到好处，不能乱吹捧，不说"久闻大名，如雷贯耳"一类的过头话。表示敬慕的内容应因时因地而异。

例如：

"您的大作我已读过多遍，受益匪浅。想不到今天竟能在这里一睹您的风采!"

"今天是教师节,在这光辉的节日里,我能见到您这位颇有名望的教师,不胜荣幸。"

"桂林山水甲天下,我很高兴能在这里见到您——尊敬的山水画家!"

⊙ **问候式**

"您好"是向对方问候致意的常用语。如能因对象、时间的不同而使用不同的问候语,效果则更好。

对德高望重的长者,宜说"您老人家好",以示敬意;对年龄跟自己相仿者,称"老×(姓),您好",显示亲切;对方是医生、教师,说"李医师,您好""王老师,您好",有尊重意味。节日期间,说"节日好""新年好",给人以祝贺节日之感;早晨说"您早""早上好"则比"您好"更得体。

说好第一句话,仅仅是良好的开始。要谈得有味,谈得投机,谈得融融乐乐,有两点还要引起注意。

第一,双方必须确立共同感兴趣的话题。有人以为,素昧平生,初次见面,何来共同感兴趣的话题?其实不然。生活在同一时代、同一国土,只要善于寻找,何愁没有共同语言?一位小学教师和一名泥水匠,似乎两者是话不投机的。如果这个泥水匠是一位小学生的家长,那么,两者就如何教育孩子各抒己见,交流看法,如果这个小学教师正在盖房或修房,那么,两者可就如何购买建筑材料,选择修造方案沟通信息,切磋探讨。只要双方留意、试探,就不难发现彼此有对某一问题的相同观点,某一方面共同的兴趣爱好,某一类大家关心的事情。有些人在初识者面前感到拘谨难堪,只是没有发掘共同感兴趣的话题而已。

第二,注意了解对方的现状。要使对方对你产生好感,留下不可磨灭的深刻印象,还必须通过察言观色,了解对方近期内最关心的问题,掌握其心理。例如,知道对方的子女今年高考落榜,因而举家不欢,你就应劝慰、开导对方,讲讲"榜上无名,脚下有路"的道理,举些自学成才的实例。如果对方子女决定明年再考,而你又有自学、高考的经验,则可现身说法,谈谈高考复习需注意的地方,还可表示能提供一些较有价值的参考书。在这种场合,切忌大谈榜上有名的光荣。即使你的子女考入名牌大学,也不宜宣扬,不能津津乐道,喜形于色,以免对方感到脸上无光。

第三章 说好关键的第一句话——开场沟通课

拉近距离：瞬间征服人心

如何才能在开场的几秒钟内打动对方，把握谈话和沟通的进程呢？哈佛沟通课总结了以下几种成功的开场白。

⊙ **即兴发挥式**

1938年，陈毅率领新四军在浙江开化县华埠镇休整。当地抗日组织召开欢迎大会，陈毅被邀请上台演讲。开始司仪做介绍称陈毅为"将军"，陈毅登上讲坛，接过话头大声说："我叫陈毅，耳东陈，毅力的毅。刚才司仪先生称我将军，实在不敢当，我现在还不是将军。当然叫我将军也可以，我是受全国老百姓的委托，去'将'日本鬼子的'军'。这一'将'直到把他们'将'死为止……"这个开场白十分漂亮。陈毅在别人语言的基础上尽情发挥，讲得自然风趣，幽默传神，活跃了会场，紧紧抓住了听众。

⊙ **环境烘托式**

这是利用当时当地的环境特点来渲染气氛，激发听众热情的一种说话形式。这种形式灵活生动，富于情感。但描绘的环境特点必须与主题思想相吻合，切不可牵强附会。鲁迅先生曾在厦门中山中学做过一次演讲，他开头时说："今天我能够到你们学校来，实在很荣幸。你们的学校，名叫中山中学，顾名思义，是为纪念孙中山先生而设立的学校。中山先生致力国民革命40年，结果创造了'中华民国'。但是现在军阀混战，民生凋敝，只有'民国'的名目，没有'民国'的实际。"鲁迅先生从自然环境中的学校名称讲起，一针见血地指出了名与实之间的巨大反差，从而激发中山学校的师生们为完成中山先生未竟事业而奋斗的革命热情。

⊙ **自我贬低式**

在一次联欢晚会上,台湾著名电视节目主持人凌峰做了一段精彩的演说,他的开场白是:"在下凌峰,我和文章不一样,虽然我们都得过'金钟'奖和最佳男歌星称号,但我是以长得难看而出名的……一般来说,女观众对我的印象不太良好……她们认为我是人比黄花瘦,脸皮比炭球黑。"

自我贬抑不但不会被贬,还能表现出演讲者坦率幽默,机智随和。用这种方法做开场白,往往能博得听众的掌声。

⊙ **借花献佛式**

奥斯卡颁奖大会上,最佳女主角雪莉·布丝莱由于跑得太急,在上领奖台台阶时绊了一下,差点摔倒,想不到这个差点摔倒的动作却被她巧妙利用了起来。她的第一句话是:"我经历了漫长的艰苦跋涉,才到达这事业的高峰。"在场的人都能悟到,她的话看起来是指平时的刻苦探索,但又包含了刚才差点摔倒的难堪。

⊙ **情感沟通式**

选择与听众息息相关或最能为听众所接受的话题,从而引起听众与自己在感情上的强烈共鸣,这种方法比较适合与听众属于同一层次、同一类型的场合。1944年,英国前首相丘吉尔在美国欢度圣诞节发表的即兴讲话是这样开头的:"我的朋友,伟大而卓越的罗斯福总统,刚才已经发表过圣诞前夕的演说,已经向全美国的家庭致友爱的献词,我现在能追随他讲几句话,内心感到无限的荣幸。我今天虽然远离家乡和祖国,在这里过节,但我一点也没有异乡的感觉。我不知道,这是由于本人的母系血统和你们相同,抑或是由于本人多年来在此地所得的友谊,抑或是由于这两个文字相同、信仰相同、理想相同的国家,在共同奋斗中所产生出来的同志感情,抑或是由于上述三种关系的综合。总之,我在美国的政治中心地——华盛顿过节,完全不感到自己是一个异乡之客。"

丘吉尔把美国总统说成是自己的朋友,短短几句话就一下子拉近了自己与听众之间的心理距离。

寻找话题：交谈中要学会没话找话

有哈佛人际关系学家说过："交谈中要学会没话找话的本领。"所谓"找话"，就是"找话题"，找交谈的切入点。就像写文章一样，有了一个好题目，往往会文思泉涌，一挥而就。同样，双方交谈，有了一个好的话题就能使谈话融洽自如。好话题，是初步交谈的媒介，深入细谈的基础，纵情畅谈的开端。好话题的标准是：至少双方对话题比较熟悉，能谈；大家感兴趣，爱谈；有展开探讨的余地，好谈。

那么，交谈沟通怎样去挖掘一个好话题呢？哈佛沟通课总结了以下几点技巧。

⊙ **找准兴奋中心**

当跟众多的人在一起谈话时，要选择众人都感兴趣的事件为话题，激发起大家交谈的欲望。因为这类话题是大家想谈、爱谈、又能谈的。人人都有话，都能发表自己的观点和看法，自然能使话题进行下去，以至引起许多人的议论和发言，进而产生共鸣。

⊙ **就地取材**

巧妙地借用彼时、彼地、彼人的某些材料为题，借此引发交谈。有人善于借助对方的姓名、籍贯、年龄、服饰、居室等，即兴引出话题，常常能取得好的效果。"即兴引入"法的优点是灵活自然，就地取材，但关键是要思维敏捷，能迅速作出由此及彼的联想。

⊙ **试探询问**

与陌生人交谈，先提一些"投石"式的问题，在对对方的年龄、职业、性格、兴趣等略有了解后再进行有目的的深入的交谈，便能谈得更为自如。就好像"投石问路"一样，如在聚会时见到陌生的邻座，便可先"投石"询问："你和主人是同事还是同学？"无论问话的前半句对，还是后半句对，都可就此展开话题；如果问得都不对，对方回答说是"老乡"，那也找到了可继续谈下去的话题。

⊙ **循趣入题**

试探出陌生人的兴趣，由兴趣起始，能顺利引发出话题。如对方喜欢看电影，便以此为话题，谈电影的优劣，讨论故事的情节等。如果你也喜欢看电影，那你们就找到了共同的兴趣，可顺利进入话题；如果平常不怎么看电影，那也正是个学习机会，可静心倾听，适时提问，借此大开眼界。

引发话题的方法很多，诸如"借事生题"法、"即景出题"法、"由情入题"法，等等。可巧妙地从某事、某景、某种情感，引发出一番议论。引发话题，类似"抽线头""插路标"的做法，重点在引，目的在导，使对方有话可说，诱发对方谈话的兴趣。

⊙ **一见如故**

与人交谈沟通时，还要在缩短彼此的距离上下工夫，力求在短时间内了解得更多一些，缩短彼此认识上的距离，力求在感情上融洽起来。只有志同道合了，才能谈得投机。"一见如故"这个成语说的也就是这个意思。与陌生人要做到能谈得投机，就必须要在"故"字上做文章，变"生"为"故"，这也有不少方法。

（1）适时切入。看准情势，不要放过应当说话的机会，适时插入交谈，适时地"自我表现"，能让对方充分了解自己。

交谈是双边活动，光了解对方，不让对方了解自己，同样难以深谈。陌生人如能从你"切入"式的谈话中获取教益，双方会更亲近。适时切入，能把你的知识主动有效地献给对方，实际上符合"互补"原则，奠定了"情投意合"的基础。

（2）巧找媒介。寻找自己与陌生人之间的媒介物，以此找出共同语言，缩短双方距离。如见一位陌生人正在看报纸，可从报纸上的一条新闻切入，与对方就这一话题展开讨论。对别人的一切表现出浓厚的兴趣,通过媒介引发他们表露自我,交谈也就能顺利进行。

(3)留有空间。留有谈话的空间以便让对方接口,使对方感到彼此之间的心是相通的,交谈是和谐的,进而缩短二人之间的心理距离。因此,和陌生人的交谈千万不要把话讲完全了,把自己的观点讲死,而应虚怀若谷,欢迎探讨,最好把作结论、归纳的机会留给对方。

⊙ **自作笑料**

坦率地把自己的不足讲出来,不仅不会因此失去别人的敬重,还会引起别人的同情和爱怜。如能用开玩笑的形式讲出自己的不足,那就更能表现出你非同寻常的气度了。有位著名的主持人在大家的掌声中走上前台主持节目,在上台的路上不小心被地毯绊倒了,摔在地上。但她毫无慌张之色地爬起来,走到麦克风前说:"真让我激动,我是为你们的热情而倾倒的。"于是,观众们给以她更加热烈的掌声。相反,如果你明知自己的不足之处,却还要想方设法地拼命掩饰、装腔作势,只想把自己当成一个真正的行家一般,结果只会使别人感到你的可笑。因此,在与人交谈的时候,能够大胆地同自己开个玩笑是很明智也很了不起的。同时,也能使谈话现场的气氛活跃起来,增加别人对你的好感。

开门见山：你要想向对方说点什么

哈佛沟通学家指出：如果在与人交谈时，必须在极短的时间内对别人提出要求，以及向对方说明如此做了以后，他们能够获得什么样的利益时，你千万不要婆婆妈妈地为一些琐屑的细节所羁绊，只要简单地说出你的主张就行了。

那么，如何才能开口就能把话说到点子上呢？

⊙ 信心十足地说出要点

所谓的"要点"，就是你与对方交谈所要实现的最终目的。为了使对方依赖你，对于完成你的要求或实现某一目标充满信心，所以你一定要信心十足地说出来。对于对方的行动要求，必须以乐观而坚定的语调，直率地强调出来。为了获得较好的交谈效果，在说话时，你一定不能畏缩而要信心十足。对于你真挚的陈述，对方一定会感动，并为此立即采取有效行动，从而达到你的要求和目标。

⊙ 使对方明白采取行动

不管你所阐述的是哪一种问题，你的目的就是要把问题的要点以及要求对方采取什么样的行动，简单扼要地表达出来，以便让对方容易理解，这样才能够让对方顺利地展开行动。为了达到这个目的，最妥善的方法就是把关键部分具体地说出来。

如果在说话时，你能够具体地为对方提示事情的关键和问题的要点，那么你就要比其他人更容易和别人交谈，也更容易使对方感动。"发给客户的商业信函寄出去了吗？"比起漠然地对下属说"去把发给客户的商业信函打印出来"效果更好。

到底以肯定的方式叙述要点好,还是以否定的方式叙述要点比较妥当?这一点是无关紧要的,只要你能把你提出的要求叙述清楚、表达准确即可。但必须站在对方的立场上作出这一决定。

⊙ **具体而简短的叙述要点**

当你要求对方做一些什么事情时,必须进行简明扼要的叙述,因为对方只会做他们明白理解的事情。他们既然要依照你的话采取行动,那么你就得准确而精练地把自己的意思表达出来。

激发交谈欲：主动引发一场沟通

生活中的每个人都渴望友谊，希望拥有更多的朋友。但朋友都是由陌生人发展而来的，有相当一部分朋友是萍水相逢的。在风光绮丽的景区、在熙攘喧闹的汽车上或者在小型聚会上，凭一个会心的微笑、几句得体的幽默话、一个礼貌的动作等，都可以与他人相识。关键是得找出交往的契机，主动伸出友谊之手，打开对陌生人关闭着的心灵之门。

⊙ 激起对方谈话兴趣是顺利沟通的关键

并非所有的人都是善谈的，有的人沉默寡言，虽然有交谈的欲望，却不知从何谈起。这就需要其中的一方改变态度，率先向对方发出友好信号，激起对方的谈话欲望，以达到交流的目的。

假若你的一个话题使对方产生了浓厚的兴趣，那么无论他是一个如何沉默的人，都会发表一些言论的。因此你在谈话的停滞之中，一定要想法寻找并且不断地激起对方的兴趣，使谈话能够一直持续下去。

⊙ 寻找话题，把陌生人变成朋友

当你对做父母的人称赞他们的孩子，甚至表示你对那孩子感兴趣时，那么孩子的父母很快便会成为你的朋友了。给他们一个谈论其孩子的机会，则他们就会很自然而又无所顾忌地滔滔不绝了。

与陌生人见面，要善于倾听，主动关心他人，还可以通过慷慨地给予帮助来激发他们的谈话欲望。

初次相见或不太熟悉时，没有谁愿意向有困难的陌生人提供帮助，因为他们怕不清楚对方的底细而帮出麻烦来。这种想法固然有一定的道理，但正

第三章 说好关键的第一句话——开场沟通课

是它把自己结识别人的大好机会给赶跑了。善于交际的人是不会这么想的,他们认为与人方便自己也方便,只有放下顾虑、慷慨解囊,才能赢得别人的感激与好感——这恰是一座沟通感情的桥梁。

对于那些腼腆的人,交谈者应主动寻找话题,消除对方的紧张感。

朋友相交,重在交流。由陌生人到朋友,需要通过深入的交流才会相互了解。要达到深入交流的效果,就要在掌握交谈艺术的同时激发对方的谈话欲望,只有这样才能彼此加深了解,从陌生走向熟悉,进而成为朋友。

揣摩试探：想钓鱼，就要像鱼一样思考

哈佛人际关系家在总结沟通技巧和策略时谈到，与您刚认识的人在一起谈话，最好的办法是从一个话题到另一个话题地试着说，如果某个话题不行，再试下一个。或者轮到你讲话时可讲述你曾经做过的事情或想过的事情，计划旅行或其他已经谈过的话题。不要对片刻的沉默慌张，让它过去即可。谈话不是竞赛，不是像跑步一样拼命地冲到终点。

当您发现在聚会上坐在您身边的是个陌生人时，在开始"钓鱼"之前最好先介绍一下自己，然后以各种各样的方式开始交谈。如果你是个很腼腆的人，在参加聚会之前就可在脑子里先想好话题。如果有人已经告诉你一些关于他的消息，您可以说："我知道你的球队在上星期的决赛中获胜了，一定很精彩。"如果你对他一点都不了解，可以说："您是本地人，还是外地人？"诸如此类，从他的回答中您可以开始话题。可以问他住在哪、从事什么职业等。非常简单，要注意给他说话的机会。

另一个重要的（也是立竿见影的）开场白是征求建议。问他任何方面的观点都是稳妥的：政治、体育、股市、时尚和当地新闻都可以，但不能是已经问过的或将引起争论的话题。

与陌生人开始谈话，要学会主动引导陌生人。只有一方适度地主动才能让交流继续下去，当然如果你是一个腼腆的人，就要勇敢些，或许你开启了一扇大门，迎接你的就是一片好景色，你要做的也仅是开启一扇门而已。

初次见面，由于人们性格上的差异，各自的表现也各不相同。有人生性腼腆，不喜欢与陌生人交谈；有人虽有交谈愿望，却感到无从启齿，找不到

共同的话题，没有办法交谈。他们或局促一角，尴尬窘迫；或欲言又止，话不成句；或说话生硬，遭人误解……产生这种现象的原因是缺乏和陌生人交谈的勇气和技巧。

哈佛沟通课指出，在与人交谈前要充满信心，要相信自己能够自如地交谈；然后寻找适合双方的共同话题，就能使谈话融洽自如。一个好话题，是双方初步交谈的媒介，深入细谈的基础，纵情畅谈的开端。

不妨从天气、籍贯、兴趣和衣着等方面聊起。这样既不易触及对方感情的敏感处，又不易引起对方的反感和为难。

初次见面，寻找合适的话题，除了能消除彼此的紧张感、陌生感外，有时还可以为你带来意想不到的效果和收获。

同陌生人谈话最重要的就是能够尽快地找到双方的共同点。怎样才能找到初次见面的人与自己的共同点呢？

⊙ **察言观色，寻找共同点**

一个人的心理状态、精神追求、生活爱好等，都或多或少地在他们的服饰、表情、谈吐、举止等方面有所表现。只要你善于观察，就会发现你们的共同点。你要从察言观色发现的东西里面，找到与自己的情趣爱好的共同点。只有当你自己对此也有兴趣时，才有可能打破沉寂的气氛。否则，即使发现了共同点，也还会无话可讲，或讲一两句就"卡壳"了。

⊙ **以话试探，侦察共同点**

陌生人相遇，为了打破沉默的局面，开口讲话是首要的。有人以招呼开场，有人以动作开场，一边帮对方做某些急需帮助的事，一边以话试探；有的通过借书借报，来展开交谈。以开头几句试探性的话，或询问，或对某事谈论自己的感受，借以观察对方的反应，便可以了解到你与对方是否存在共同点。

⊙ **听人介绍，猜度共同点**

去朋友家串门，遇到有陌生人在座，作为主人，会马上为你们介绍，说明陌生人、你与主人的关系，各自的身份、工作单位，甚至个性特点、爱好等。细心人从介绍中马上就可发现对方与自己的共同之处。

⊙ **揣摩谈话，探索共同点**

要想寻找陌生人同自己的共同点，可以认真倾听对方同别人的谈话并对此进行认真分析、揣摩，也可以在对方和自己交谈时揣摩对方的话语，从中发现共同点。通过细心揣摩对方的谈话，可以找出对方与你存在的共同点，使陌生的路人变为熟人，进而发展成为朋友。

⊙ **步步深入，挖掘共同点**

发现共同点是不太难的，但这并非只是谈话的初级阶段所需要的，如果你想与对方进行深入交流，同样需要寻求双方更多的共同点。随着交谈内容的深入，你会发现你们之间的共同点会越来越多。为了使交谈更有益于对方，你必须一步步地挖掘深层次的共同点，才能如愿以偿。

交谈沟通中寻找共同点的方法还有很多，譬如共同面临的生活环境，共同的工作任务，共同的行路方向，共同的生活习惯等。只要仔细寻找双方的共同点，与陌生人无话可讲的局面是不难打破的。

第三章　说好关键的第一句话——开场沟通课

循循善诱：步步为营，把沟通导向高潮

在与人交谈时，有些人常常挖空心思去想一些很有水平的话，以显示自己的本事。但是，如果没有顾及对方的感受，对方在你的这种强势情绪下会怎样呢？他当然是不甘示弱，会比你更加努力地找一些更加有水平的话。他找出了之后，你又该怎么办呢？是不是又要搜索枯肠去寻找很有水平的话呢？这样循环往复，你们就不是在交谈，而是在斗智。

哈佛沟通课指出，在交谈中，太强势的语言有时会给对方造成压力，使得沟通难以进行下去。为此，你需要做到以下几点。

⊙ **为交谈做好"预热"**

实际上，要进行一次沟通并不是困难的事。陌生人之间一些简短的寒暄就能引发谈话。每个人都可能流于平俗，都可能涉及简短的谈话，只谈论一些既缺乏机智又毫无意义的事情。然而这种短暂的交谈对于正式交谈的顺利启动却是十分有必要的。

引发谈话的目的是必须让对方说话，而切忌将谈话引入死胡同。如不能说诸如"今天天气真好！"之类的话，而应该问对方："干什么工作？""是哪里人？"这样对方必须回答干什么工作，是哪里人，而不会用"是"或"不是"将你打发。

在开始沟通时，要准备经过一个"预热"的阶段。没头没脑地就开始一次意味深长的交谈是不明智的，不要期望一开始就像老朋友见面一样。

短暂的交谈不仅能为你引发一次谈话，而且还可以用来为进一步的沟通预热，引导对方为进一步的交谈做好充分的准备。然后在这种交谈中观察别

人的兴趣。这正如点篝火，不必期望用一个火把开始，只需有一根小火柴就行了。只要方法得当，这一根小火柴就能让篝火熊熊燃烧……

⊙ 交谈中要多谈对方感兴趣的事

要特别注意的是，在交谈的过程中也不要太掉以轻心，成为一位沟通高手的艺术并不过多地依赖于你有多么聪明，或者你的经历有多么曲折，而在于善于启发、诱导别人讲话。要想成为出色的沟通高手，就一定要避免在谈话中出现以自我为中心的现象。人们往往从始至终只对他们自己，以及他们的工作、家庭、故乡、理想感兴趣。其实，即使是问"你是做什么工作的"这样一个简单的问题，也向他人传达了你对他感兴趣的信号，结果必然会使别人对你产生兴趣。

在提出这个简单的问题之前，你只需要在心里给自己提一个问题："通过交谈我究竟想得到些什么？"是想表现和炫耀自己呢？还是想与别人做成交易，让别人在议定书上签字，并得到他的准许和友善呢？

很多人在与人沟通时容易犯的错误就是谈自己感兴趣的事，而不去谈别人感兴趣的事。你谈自己感兴趣的事，虽然自己兴高采烈，但别人却不一定会高兴，那你要求别人办事、请别人帮忙，以及你谈话的目的又怎能达到呢？

迪巴诺经营着纽约最著名的面包公司——迪巴诺公司。他的客户遍布纽约市及周边地区。但是迪巴诺却发现纽约的一家大饭店一直未向自己的公司订购面包。为了了解面包市场中这一最为顽固的堡垒，4年来迪巴诺每星期必去拜望大饭店经理一次，并且经常亲自参加他所举行的会议，甚至以客人的身份住进大饭店。正面攻势，旁敲侧击，迪巴诺用尽了所有的营销招数，但这家大饭店仍是丝毫不为所动。迪巴诺下定决心，不达目的决不罢休。突然间，迪巴诺产生了灵感，他想自己应该改变一下以前使用的策略，就开始调查这家大饭店的总裁所感兴趣的事情。

不久，迪巴诺发现大饭店的总裁是美国饭店协会的会员，而且由于热心协会的事，还担任了该协会的会长，只要是饭店协会召开的会议，不管在何地举行，饭店的总裁都一定乘飞机赶去。

第二天，迪巴诺去拜访大饭店的总裁时，就以饭店协会为话题，果然引

第三章 说好关键的第一句话——开场沟通课

起了他的兴趣。他眼里发着光,兴奋地和迪巴诺谈了1小时关于协会的事情,还反复地述说这个协会给他带来的无穷乐趣。他还准备扩大内部组织,又极力邀请迪巴诺参加。

迪巴诺和大饭店的总裁谈话时,丝毫不提面包。几天后,饭店的采购部门来了一个电话,让迪巴诺立刻把面包样品和价格表送去。迪巴诺有些喜出望外,准备好了东西,就赶到饭店。

采购部的经理在谈正事之前,笑着对迪巴诺说:"迪巴诺先生,我真猜不透你使了什么绝招,使我的老板那么赏识你。"迪巴诺真是哭笑不得,想想自己迪巴诺面包公司并非无名,自己向这个大饭店的总裁推销了4年的面包,可连一粒面包渣都没有售出。如今,自己仅是对他所关心的事表示关注而已,形势竟发生如此改变。迪巴诺想,如果自己依然没有发现这个大饭店的总裁所真正感兴趣并且关心的事,恐怕现在仍是跟在他身后穷追不舍呢!

第四章 说话有礼貌，沟通也优雅——沟通礼仪学

在哈佛人看来，衡量沟通是否到位的一个重要标准就是说话是否有礼貌。无论一个人怎样会说话，如果缺少礼貌，不懂得尊重他人，也会让人心生反感，退避三舍，使得沟通陷入冷场，不欢而散。

哈佛沟通课强调，在沟通的时候注意必要的礼节是非常重要的，这一方面体现了一个人的知识和修养，另一方面也表达了说话者对听者的尊重程度。说话谦恭平和，举止优雅大方，可以创造轻松愉快的沟通局面，在亲切友好的气氛中达成沟通意向。

称呼：礼貌称呼是沟通的敲门砖

人们之间打交道，总是以礼貌的称呼开头。礼貌的称呼好像是一个见面礼，又好像是进入社交大门的通行证。称呼得体，可使对方感到亲切，双方交往便有了基础。称呼不得体，往往会引起对方的不快甚至愠怒，会使交往的双方陷入尴尬境地，致使交往梗阻甚至中断。那么，怎样称呼才算得体呢？

⊙ **考虑对方的年龄特征**

见到长者，一定要呼尊称，特别是当你有求于人的时候。比如："老爷爷""老奶奶""大叔""大娘""老先生""老师傅""您老"等，不能随便喊："喂""嗨""骑车的""放牛的""干活的"等，否则，会使人讨厌，甚至发生不愉快的口角。另外，还需注意，看年龄称呼人，要力求准确，否则会闹笑话。比如，看到一位20多岁的女士就称"大嫂"，可实际上她还没结婚，这就会使她不高兴，不如称她"大姐"更为合适。

⊙ **考虑对方的职业特征**

随着改革开放的深入发展，人们的社会交往日渐频繁和复杂，相互之间的称呼也就越来越多样化，既不能都叫"师傅"，也不能统称"同志"。对外企的经理、外商、港台同胞、外籍华人，用"先生""太太""小姐""夫人"称呼会使他们感到自然亲切。

⊙ **考虑与对方的亲疏关系**

在称呼别人的时候，还要考虑自己与对方之间关系的亲疏远近。比如，和你的兄弟姐妹、同窗好友、同一车间班组的伙伴见面时，直呼其名更显得亲密无间，一本正经地冠以"同志""班长""小姐"之类的称呼，反倒显得外道、疏远了。

在与多人同时打招呼时，更要注意亲疏远近和主次关系。一般来说，按年龄以先长后幼、按职位先上后下、按性别先女后男、按关系先疏后亲为宜；在外交场合，宴请外宾时，这种称呼先后有序更为重要。

⊙ **考虑说话的场合**

称呼上司要区别不同的场合。在日常交往中，对上司最好不称官衔，以"老张""老李"相称，使人感到平等、亲切，也显得平易近人，没有官架子，明智的上司会欢迎这样的称呼的。但是，如果在正式场合，如开会、与外单位接洽、谈工作时，称上司为"王经理""张厂长""赵校长""孙局长"等，常常是必要的，因为这能体现工作的严肃性、领导的权威性，是顺利开展工作所必需的。

⊙ **考虑对方的语言习惯**

我国是个多民族国家，各地、各民族的方言、习俗各异。在重视推广普通话的前提下，还要注意各自的语言习惯。违背了当地的语言习惯，就可能碰钉子。

换位思考：站在他人的角度交谈沟通

哈佛心理学家通过研究认为，人们都有被尊重和被爱的需要，每个人都希望得到他人的尊重和爱护。人们受到了关心，就会产生感恩之情，就容易听得进去意见和建议。劝说不是压制，心理学上有"对抗理论"，人们都喜欢自由地支配自己的活动，而不愿意听他人的指挥，让人摆布。强迫某人做某事，就会让对方感到自主权受到了伤害，而唤起对立的情绪。

哈佛沟通课指出，在与人沟通、说服他人的时候，要尽量用商量的语气，以保护对方的自尊，这样也有利于取得好的说服效果。

⊙ 说话要考虑他人的自尊

人都是有自尊的，渴望获得他人的尊重。我们要明白，大而言在社会阶层中，小而言在一个团队，只有收入高低、分工的区别，绝对没有人格的贵贱之分。扪心自问，我需要别人的理解和尊重吗？同样，这也正是别人都需要的。聪明的人就要先理解和尊重别人。

耶稣说："你要别人怎样对待你，你就要怎样对待别人。"这句名言是换位沟通的准确注解。说话有不同的方式，有不同的技巧。世界上没有说不好的话，关键看你会不会转变一下思想，换位思考，站在对方的立场，先想想别人。

卡耐基曾租用某旅馆大礼堂讲课。有一天，他突然接到通知，租金要提高3倍。卡耐基前去与经理交涉。他说："我接到通知，有点震惊，不过这不怪你。如果我是你，我也会这么做。因为你是旅馆的经理，你的职责是使旅馆尽可能赢利。"紧接着，卡耐基为他算了一笔账，将礼堂用于办舞会、晚

第四章　说话有礼貌，沟通也优雅——沟通礼仪学

会，当然会获大利。"但你撵走了我，也等于撵走了成千上万有文化的中层管理人员，而他们光顾贵旅社，是你花再多的钱也买不到的活广告。那么，哪样更有利呢？"经理被他说服了。

卡耐基之所以成功地说服了经理，在于当他说"如果我是你，我也会这么做"时，他已经完全站到了经理的角度。接着，他站在经理的角度上算了一笔账，抓住了经理的兴奋点——赢利，使经理心甘情愿地把天平砝码加到卡耐基这边。

⊙ **说话要设身处地替别人着想**

其实，生活中我们很多时候犯的错误往往来自只从自己的角度思考问题。为了避免这样的错误，就得学会换位思考，并在此基础上调整行为的方式。换位思考就是完全转换到对方的角度思考，从而更理解人、宽容人，就是要求在观察处理问题，做思想工作的过程中，把自己摆放在对方的角度，对事物进行再认识、再把握，以便得到更准确的判断，从而把话真正说到别人的心窝里。

《圣经》里有这样一个故事。一次，大家要砸死一个妓女。耶稣说："可以，可是你们每个人都要扪心自问，谁没有犯过错误，那他就可以动手。"在场的每个人都自觉问心有愧，最后谁也没有砸她。为何所有人在耶稣的这个问题前变得不敢动手了呢？因为没有一个人有动手的资格——只要想到自己原来也有可能犯错，就能同情这位妓女了。

即使是最没本事的人，在责备别人时往往也能够大发议论；即使是最聪明的人，在对待自己缺陷时也往往糊涂。我们只要经常用指责别人的态度来要求自己，用宽恕自己的心思去对待别人，怎么可能没有大进步呢？

儿时常做一种游戏：两腿叉开，头向下从两腿之间往后看过去。本来习以为常的乡间景色便有了新意，让人百玩不厌，常玩常新。成年后多了些社会生活经验，又读了些书，知道那种看似简单的游戏实际上蕴藏着并不简单的道理：换位思考。

仔细想来，生活中诸多不快、诸多矛盾的引发，未必都有多么复杂、多么严重的理由，如果能够互相了解、互相理解，或许就根本不会发生。而换

位思考就是达到互相理解的一种有效途径。

　　汽车大王福特说过一句话：假如有什么成功秘诀的话，就是设身处地替别人着想，了解别人的态度和观点。因为这样你不但能与对方沟通并得到理解，而且能更为清楚地了解对方的思想轨迹及其中的"要害点"，从而做到有的放矢，击中"要害"。

第四章　说话有礼貌，沟通也优雅——沟通礼仪学

优雅谈吐：养成优美而文雅的沟通风格

哈佛大学前任校长伊立特说过："在造就一个有教养的人的教育中，有一种训练是必不可少的，那就是，优美而文雅的谈吐。"谈吐优雅的人，不但能使不相识的人见了他们产生良好的印象，并且能广结人缘，到处受欢迎。

许多人沟通的本领不很高明，是因为他们不曾把谈话当作一门艺术，不曾在这门艺术上下过工夫。他们不肯多读书，不肯多思考。他们说话，宁肯随便用粗俗的语句，而不肯"三思"而后言，将自己的意思用文雅、优美的语言表达出来。

哈佛沟通课指出，在沟通过程中，除了要注意嗓音和语气，说话时的用词造句同样也会影响你的语言表达。说话时若能运用恰当的词汇，并将声音的魅力显现出来，自然会让人忽略嗓音不太好的缺陷，而想继续聆听。优雅用词造句的要点包括如下几方面。

⊙ **语句完整**

说完整的词句，不要吞吞吐吐或欲言又止，否则会让人觉得不爽快，严重些还会让你沟通的对象对你的人格产生怀疑。

⊙ **不说粗话**

说粗话的情况并非仅存于中低劳动阶层，有许多学识深、地位高的"高级人士"也认为，当自己遇到稍微不顺心的事时，说一句"他×的""狗屎"并无伤大雅。其实不然，在公众场合说粗话是对个人形象的很大伤害，更是一种听觉上的污染，给听者带来不快。

⊙ 避免冗长无味或意思重复的言语

如："你明白我的意思吗？""你说好不好？""你知道吗？"也不要采用流行语、口头禅作为开场白。有些父母从孩子身上学到青少年所惯用的流行语，以为说了这些话就代表跟得上潮流，实则不然，毕竟年长者说着一口年轻人的流行语，既幼稚又有失身份。此外，不要用"嗯""喔"等鼻子发出的声音来表达个人意见的同意与否（别忘了鼻子是用来呼吸的，不是用来答话的）。这些音调虽非粗话，却是懒惰的表现，会令谈话者有不受重视的感觉。

⊙ 说话要有真情实感

说话讲究措辞文雅，态度自然，同时还需使你的言辞富于同情，处处显示你的善意。唯有充满温暖的同情的话语，才能够引起他人的注意。假使你的话是冷淡而寡情的，那是引不起别人注意的。

选择各种题目，努力去做优美而精纯的谈论。常常用清楚、流利、文雅的言词去表示自己的意思，这是一种良好的训练。多结交有学问的人，常与他们交谈，耳濡目染，自然你也就会说话了。多读书，也是提高语言艺术的一种好办法，多读书不但能开拓心胸，增加知识，而且能熟悉许多词汇和语句，提高表达能力。

第四章　说话有礼貌，沟通也优雅——沟通礼仪学

他人是"上帝"：少说"我"多说"你"

《福布斯》杂志上曾登过一篇"良好人际关系的一剂药方"的文章，其中有几点值得借鉴：

语言中最重要的5个字是："我以你为荣！"
语言中最重要的4个字是："您怎么看？"
语言中最重要的3个字是："麻烦您！"
语言中最重要的2个字是："谢谢！"
语言中最重要的1个字是："你！"

那么，语言中最次要的一个字是什么呢？是"我"。

亨利·福特二世描述令人厌烦的行为时说："一个满嘴'我'的人，一个独占'我'字，随时随地说'我'的人，是一个不受欢迎的人。"

农夫甲和农夫乙忙完了田里的工作，一起回家。他们走在路上，农夫甲忽然发现地上有一把斧头，就跑过去捡起那把斧头。他说："我们发现的这把斧头还挺新啊！"就想带回家占为己有。农夫乙看到这把斧头是农夫甲发现的，应该归他所有，就对农夫甲说："你刚才说错了，你不应该说'我们发现'。因为这是你先看见，所以你应该说'我发现了一把斧头'才对。"

他们两个继续往前走，农夫甲的手上仍然拿着那把斧头。过了一会儿，遗失这把斧头的人走了过来，远远地看见农夫甲的手上拿着他的斧头，就匆匆忙忙地追上来，眼看对方就要追上来了。这时候农夫甲很紧张地看了农夫乙一眼，然后说："怎么办？这下子我们就要被他捉到了。"农夫乙听他这么一说，知道甲想把责任归咎到两个人的身上。于是农夫乙就很严肃地对农

夫甲说："你说错了，刚才你说斧头是你发现的，现在人家追来了，你就应该说'我快被他捉到了'，而不是说'我们快被他捉到了'。"

在人际交往中，"我"字讲得太多并过分强调，会给人突出自我、标榜自我的印象，这会在对方与你之间筑起一道防线，形成障碍，影响别人对你的认同。因此，会说话的人，在语言传播中，总会避开"我"字，而用"我们"开头。

有人曾经做过调查，看看人们每天最常用的是哪一个字，那就是"我"字。为什么人们对"我"字特别关心呢？就是因为大多数人都喜欢被人称赞，也喜爱称赞自己。因此，你若想得到你所希望得到的，就要避免与对方争高低，而要维护他人的自尊心。为了使对方的面子不受伤害，我们千万不要常把"我"字挂在嘴上，别说"我公司"，而说"我们的公司"。

⊙ 少说"我"，多说"你"

沟通好像驾驶汽车，应随时注意交通标志，也就是要随时注意听者的态度与反应。如果红灯已经亮了仍然向前开，闯祸就是必然了。无聊的人是把拳头往自己嘴里塞的人，也是"我"字的专卖者。

人们最感兴趣的就是谈论自己的事情，而对于那些与自己毫无相关的事情，大多数人觉得索然无味，对于你表现最大兴趣的事情，常常不仅很难引起别人的同情，而且别人还觉得好笑。年轻的母亲会热情地对人说："我们的宝宝会叫'妈妈'了。"她这时的心情是高兴的，可是旁人听了会和她一样地高兴吗？不一定。谁家的孩子不会叫妈妈呢？你可不要为此而大惊小怪！这是正常的事情，如果不会叫妈妈的孩子才是怪事呢。所以，你看来是充满了喜悦，别人不一定有同感，这是人之常情。竭力忘记你自己，不要总是谈你个人的事情，你的孩子，你的生活。

人们喜欢的是自己最熟知的事情，那么，在交际上你就可以明白别人的弱点，而尽量去引导别人说他自己的事情，这是使对方高兴最好的方法。以充满同情和热诚的心去听他叙述，你一定会给对方以最佳的印象，并且对方会热情欢迎你，热情接待你。

⊙ 把"我的"变为"我们的"

第四章　说话有礼貌，沟通也优雅——沟通礼仪学

说话时，把"我的"变为"我们的"，可以巧妙地拉近双方距离，使对方更容易接受你和你的话。如果你在说话中，不管听者的情绪或反应如何，只是一个劲地提到我如何如何，那么必然会引起对方的反感。如果改变一下，把"我的"改为"我们的"，这对你并不会有任何损失，只会获得对方的好感，使你同别人的友谊进一步地加深。

我们经常看到记者这样采访："请问我们这项工作"或者"请问我们厂"，经常发现演讲者使用"我们是否应该这样""让我们"等表达方式。这样说话能使你觉得和对方的距离接近，听来和缓亲切。因为"我们"这个词，也就是要表现"你也参与其中"的意思，所以会令对方心中产生一种参与意识。

比如说"你们必须深入了解这个问题"，便拉开了听众与演讲者的距离，使听众无法与你产生共鸣。如果改为"我们最好再作更深一层的讨论"，就会缩短与听众之间的距离，使沟通气氛立刻活跃起来。

敬语：得体地使用敬语和谦词

平常说话有许多口头"敬语"，我们可以用来表示对人尊重之意。"请问"有如下说法：借问、动问、敢问、请教、借光、指教、见教、讨教、赐教等；"打扰"有如下词汇：劳驾、劳神、费心、烦劳、麻烦、辛苦、难为、费神、偏劳等委婉的用词。如果我们在语言交际中记得使用这些词汇，相互间定可形成亲切友好的气氛，减少许多可以避免的摩擦和口角。

⊙ **礼貌用语令人满面春风**

哈佛沟通专家指出，语言是思想的衣裳，它可以表现出一个人的高雅或粗俗。如果你要接通情感的热流，使社交畅通无阻，就应得体地运用礼貌谦词。

很早以前，有位士兵骑马赶路，至黄昏时还找不到客栈，倏地见前面来了位老农便高喊："喂，老头儿，这离客栈还有多远？"老人回答："五里！"士兵策马飞奔十多里，仍不见人烟。"五里、五里"他猛地醒悟过来，"五里"不是"无礼"的谐音吗？于是他掉转马头赶回来亲热地叫了一声："老大爷"。话没说完，老农说："你已经错过路头，如不嫌弃，可到我家一住。"

沟通中如能用礼貌语言，就会让人感到"良言一句三冬暖"，使人与人之间的感情很快地融洽起来。例如：您好，谢谢，请，对不起，别客气，再见，请多关照，等等。

同人打招呼常习惯问："你吃饭了吗？你到哪里去？"似乎太单调，也有点不雅致，在这方面，我们应丰富自己的礼貌语言。如见面时称道"早安""午安""晚安""你夫人（先生）好吗""请代问全家好"等。语言

第四章 说话有礼貌，沟通也优雅——沟通礼仪学

务必要温和亲切，音量适中。若粗声高嗓，或奶声奶气，别人就难有好感。运用礼貌语，还要注意仪表神态的美，当你向别人询问时，态度尤其要谦恭，挺胸腆肚，直呼其名，或用鄙称，必遭人冷眼，吃"闭门羹"。

在交往中得体地使用礼貌语言和谦词，可以给对方留下良好的印象。

你和人相见，互道"你好"，这再容易不过。可别小瞧这声问候，它传递了丰厚的信息，表示尊重、亲切和友情，显示你懂礼貌，有教养，有风度。

美国人说话爱说"请"，说话、写信、打电报都用，如请坐、请讲、请转告。传闻美国人打电报时，宁可多付电报费，也绝不省掉"请"，因此，美国电话总局每年从请字上就可多收入1 000万美元。美国人情愿花钱买"请"字，我们与人相处，说个"请"字，既不费力，又不花钱，何乐不为？

英国人说话少不了"对不起"这句话，凡是请人帮助之事，他们总开口说声对不起："对不起，我要下车了"；"对不起，请给我一杯水"；"对不起，占用了您的时间"。英国警察对违章司机就地处理时，先要说声"对不起，先生，您的车速超过规定"。两车相撞，大家先彼此说对不起。在这样的气氛下，双方自尊心同时获得满足，争吵自然不会发生。

成功人士说话非常注意用礼貌语言，如：你好、请、谢谢、对不起、打搅了、欢迎光临、请指教、久仰大名、失陪了、请多包涵、望赐教、请发表高见、承蒙关照、谢谢、拜托您了，等等。礼貌用语，令人心花怒放，满面春风。

⊙ 正确使用敬语

敬语是一个人身份修养的标志。在社交场合，敬语使用错误，会非常难堪。例如，请别人为你服务时，要加上"请"或"某先生"。尤其是在交谈中，称呼对方的父母，应该说"伯父""伯母"，直接说"你爸爸""你妈妈"当然也可以，但缺乏高雅的气质。一个有教养的人，不应该忽略这些。

同样一句话，会因讲法不同，而给人完全不同的感受。例如，前面有人挡住你的去路，如果你说："让开！让开！我要过去！"或许换来的只是不屑一顾的白眼。如果你能使用敬语，客气地说："先生，对不起，麻烦您让一下路好吗？"对方一定会马上让开，面带笑容地让你过去。而且，敬语也

应适当地使用，否则，可能会得到相反的效果。这种习惯在平常就应好好地培养。

只要你养成习惯，对别人时常存有尊重的意念，那么敬意就会很自然地流露出来，不需要使用太多的敬语。例如，上司有事叫你来，你不需使用敬语，只要很自然地含笑点个头，问："有什么事吗？"那你的敬意就很自然地流露出来了。

第四章　说话有礼貌，沟通也优雅——沟通礼仪学

姿态：体态到位，沟通才到位

肢体语言是哈佛沟通课中的重要内容之一。

在哈佛有关沟通的教材中，很多地方都对肢体语言在沟通中的作用，以及沟通中肢体语言的运用方式作了详尽阐释。在哈佛人看来，通过人的身体姿态传递信息，在当今社会，不仅是"修身养性"的基本要求，还是用来表示仪表、传递信息的重要体态语言。

那么，在沟通中如何发挥肢体语言的作用呢？哈佛沟通课着重从以下几方面作了解析。

⊙ **善于利用丰富的面部表情**

与人说话除了有声语言，还有一些无声语言可以帮助沟通，有时候它们的作用甚至超过了有声语言。

法国著名作家罗曼·罗兰曾经这样说过："面部表情是历经多少世纪才培养成功的，比嘴里讲的更复杂到千百倍的语言。"表情不仅能给人以直观的印象，而且还能给人以比较强烈的感染力，它同声音语言配合，能够产生很好的交际效果。根据心理学家研究统计所得到的结论，人们传达信息的总量中，大概有55%是靠面部表情来实现的，所以有人认为面部是思想感情表达的"荧光幕"。

人的面部表情是内在态度的指示器。面部肌肉松弛露出微笑的神色，使人乐于亲近，令人舒服，给人快慰。面部肌肉绷紧，板着面孔，使人避而远之，望而生畏。所以你的面部表情通常能够传达出你内心的真正想法，你也可以利用面部表情来促进沟通的进行。

电影《魂断蓝桥》里有这样一个镜头：玛拉以为爱人洛伊战死沙场，因生活窘困而沦落风尘。有一天，她来到滑铁卢车站拉客，却发现洛伊活着回来了，她简直不敢相信自己的眼睛。在重逢的日子里，他们相处得很愉快。但玛拉心里却自惭形秽，深深不安。在一次家庭舞会上，洛伊从她的眼睛里发现了她的不安，便问道："为什么你的眼睛里面都是惶恐？"

我们熟知的《西厢记》中张生对崔莺莺的钟情也是因为崔莺莺"临去秋波那一转"而发生的。

⊙ 用"目光语"来表达自己

芬兰的心理学家做过这样的实验：把用眼睛表现演员不同情绪的照片，裁成只保留眼睛部分的细条，然后让人分辨他们所表现的情感，结果正确率很高。这说明：大多数人都能解读目光语言。

爱默生说："人的眼睛和舌头所说的话一样多。"

面部表情语言以眼睛最为重要，文艺复兴时期伟大的艺术家达·芬奇认为，人的眼神变化可以反映一个人的内心世界，他说："眼睛是心灵的窗户。"有的心理学家得出这样的结论：人的表达包括70%的体态语言表达。具体地说，目光语的语言作用通常表现在以下几个方面：

第一，目光能塑造自我形象，能给人以鲜明的"第一印象"。眼能传神，能表现人的心理内容的说法，是非常有道理的。早在春秋战国时期，孟子就曾作过精辟的阐述，说明眼睛是判断人心善恶的基准。他说："存乎人者，莫良于眸子。眸子不能掩其恶：胸中正，则眸于焉；胸中不正，则眸子非焉。"

第二，目光"会说话"，能传达细微、复杂、强烈的思想感情。人们从眼睛里就可以认识到内在的心灵。目光语所传达的极为细微、深邃的思想感情，有时候连有丰富表现力的有声语言也无法胜任，无法替代。

第三，自然流露的目光语，能反映人物的境遇、性格和深层心理。目光语的运用分为有意识和无意识两种。无意识的目光语，是内心世界的自然流露，从这一点来看，也是目如其人。

⊙ 手势语的运用

手势语也是一种表现力很强的体态语言，是传情达意的有力手段之一。手势语就是通过人的上肢特别是手来传递信息，是表现力极强的一种体态语，能弥补口头语言和表情语表达的不足，手势语的适当运用能帮助表达特殊的情感。手势绝不能不分时间、地点、场合而滥用。手势语要优美大方，使用手势语的幅度、姿态、频率要与口头语言、表情语言和谐配合。如果下意识地滥用打手势，会使对方曲解你的意思，甚至会被认为缺乏教养而引起反感。

我们在日常生活中，手势语言的运用范围也是相当广泛的，频率也相当高。

譬如：我们在街上"打的"时，手一招，司机就知道你的意思了；在开大会征求意见的时候，举手就表示赞同或者是支持；当不能满足对方要求的时候，搓手表示很为难；还有双手交叉表示自信心和优越感；摊手表示坦诚或者无可奈何。

在欧洲，人们见面时习惯用"摆摆手"来打招呼。其具体做法是：向前伸出胳膊，手心向外，但胳膊不动，只是用手指上下摆动。如果欧洲人前后摆动整只手，则表示"不""不对""不同意"或"没有"。美国人打招呼时总是摆整只手。

而在世界许多地方，摆手表示让人走开。在希腊和尼日利亚，在别人面前摆动整只手意味着极大的侮辱，距离越近侮辱性越大。在秘鲁，前后摆动整只手则表示"到这儿来"。

可见手势语不能是滥用的，必须要在合适的语境恰当地运用。

⊙ 通过身体姿态传递信息

体姿对一个人整体形象的塑造有着很重要的作用。人的体姿与人的相貌有同等的重要性，共同显示出一个人的气质和风度。如果"站无站相""坐无坐相"，即使相貌再漂亮也会大打折扣。外貌是天生的，而体姿是可以通过后天的训练向理想姿态转变的。

体姿语由两部分组成：一是指说话双方的空间距离，二是指各种不同的身体姿势。这里主要讨论体姿语运用的总体要求:准确、适度、自然、得体、和谐、统一。

第一,准确、适度。所谓的准确、适度,就是要根据说话内容、说话环境、说话对象、说话目的的需要,准确恰当地运用。

第二,自然、得体。就是要求体姿语的运用不故作姿态,要适合自己的身份和交际场合。无论是从审美的角度,还是从表达功能的角度,体姿语的运用,都要自然、得体。做到既要符合审美的原则,给人以美感,又要符合特定的情况。

第三,和谐、统一。包括两个方面:一是体姿语言和有声语言配合统一,才能准确地表达自己的思想感情和愿望,否则,就不能收到既定的效果。二是各种体姿语言要求一致而协调,要有整体观念,表情、手势、体姿不仅要配合有声语言,它们之间也应该是相互配合的。

第四章　说话有礼貌，沟通也优雅——沟通礼仪学

微笑：让微笑为你的沟通加分

世界上有许多个民族，每个民族都有独特的风俗习惯和文化，都有不同的禁忌和避讳。如在希腊和尼日利亚，摆手是一种极大的侮辱，尤其是当你的手接近对方脸部时；"再见"式挥手在欧洲可以意味着"不"，但在秘鲁却意味着"请过来"；在巴西，将你的拇指和食指相接做"OK"标志——意味着"见鬼去吧"；与马来西亚或印度客户一起吃饭时，不要用左手进餐等。

然而，在不同的民族、国家、地区，却有一种交流方式是全球通用的，这便是微笑。微笑是我们这个星球上最通用的语言，因此，不论走到哪里，只要你面带微笑，都会受到人们的欢迎。

⊙ **微笑是沟通的金钥匙**

俗话说："一笑解千愁"，"眼前一笑皆知己，举座全无碍目人"。的确，没有人能轻易拒绝一个笑脸。笑是人类的本能，要人类将笑容从脸上抹去是件很困难的事情。由于人类具有这样的本能，因此微笑就成了两个人之间沟通的金钥匙，微笑具有神奇的魔力，使两个人的内心缩短到最近的距离。真诚的微笑是社会交际中的无价之宝，是社交的最高艺术，是人们交际的一盏永不熄灭的绿灯。

亚里士多德说过，人是唯一能笑的动物。笑容能照亮所有看到它的人，它像穿过乌云的太阳，能够带给人们温暖。

⊙ **微笑是人际的润滑剂**

微笑具有促进人们沟通的神奇作用，医生对病人报以安慰的微笑，就像是给病人打了一针止痛针，不仅减轻病人肉体的疼痛，也抚慰了病人的心

理，同时也使病人由此对医生增加信赖感；服务员对顾客报以友善的微笑表示欢迎，可以调动顾客的购买欲和提高成交率。

美国的希尔顿饭店享誉全球，是世界上最负盛名的酒店之一。有许多人想知道希尔顿成功的秘密，董事长唐纳·希尔顿认为：是微笑给希尔顿带来了繁荣。希尔顿为什么这么重视微笑呢？许多年前，一位老妇人在希尔顿心情不好的时候去拜访他，希尔顿不耐烦地抬起头，他看见的是一张微笑的脸。这张笑脸的力量是那么不可抗拒，希尔顿立即请她坐下，于是双方开始了一次十分愉快的交谈。交谈中他发现老妇人是那么慈祥，她脸上真诚的微笑完全感染了他。从此，他把"微笑"服务作为饭店的宗旨。每当他在世界各地的希尔顿饭店视察时，总会问员工同样一句话，那就是："今天，你对顾客微笑了吗？"无论你到遍布世界各地的哪一家希尔顿饭店，你都会亲身感受到——希尔顿式的微笑服务。唐纳·希尔顿总结说：微笑是最简单、最省钱、最可行，也最容易做到的服务；更重要的是，微笑是成本最低、收益最高的投资。因此，他要求员工不管多么辛苦，多么委屈，都要记住这样一个工作原则，即：任何时候对任何顾客，都应做到用心真诚地微笑。即使是在20世纪30年代的经济大萧条中，各行各业，每个人的脸上都挂着愁云惨雾，希尔顿酒店的员工仍然用自己的笑容给每位顾客带去阳光。大萧条过后，希尔顿酒店率先进入了繁荣期。他们正是依靠自己的微笑赢得了"上帝"，从此，它迈入了黄金时期。

⊙ **微笑是通用的世界语**

微笑是一种适于人们交际的世界语。微笑没有国界，也没有阶级之别，人人都有权利享受别人真心的微笑。达·芬奇的传世名作《蒙娜丽莎的微笑》以画中人含蓄、迷人的微笑在世界人民心中留下了美好的印象，也树立了微笑的经典。但有些朋友可能会说，我天生不爱笑，也不会微笑。没关系，因为微笑是可以培养的。希尔顿酒店的每一位员工都必须接受微笑训练，每天练习微笑。

哈佛沟通课指出，微笑是一个人走向成功的一把金钥匙。一个真正的微笑，一个令人心情温暖的微笑，一个发自内心的微笑，能使你在与人交往的过程中受到欢迎。微笑能助我们走向成功。

第四章　说话有礼貌，沟通也优雅——沟通礼仪学

道歉：用好"道歉"这门沟通学问

说话做事没有不出错的时候。出了错，应该说"对不起"。向人说"对不起"，就是承认自己的言谈举止或某些做法不妥，并把愧疚的心情传达给对方，请求对方原谅。

打扰了对方，给对方带来了不方便，或做错了事，如果你及时说一声"对不起！""请原谅！"就会修补已经受到损坏的形象。事先约好的会面你不能去了，要提前告诉对方："对不起，我有事来不了。"别人求你办事，你因故要拒绝，要说："抱歉，这事我帮不了你的忙。"有两户人家紧邻而居，东家的人和乐相融，生活幸福美满；西家的人经常争吵，天天鸡犬不宁。这种情形引起了一位社会学专家的兴趣。

社会学专家问东家的人说："你们一家人为什么从不像西家人那样经常争吵，而能够和睦相处呢？""因为我们一家人都认为自己是做错事的坏人，所以能够互相忍让相安无事；而他们一家人都认为自己是好人，因此争论不休大打出手。"东家的人如此回答。

社会学家又问："这是怎么回事呢？"东家人回答说："譬如有一个茶杯被打破了。在他们自以为自己是好人的情况下打破杯子的人不肯认错，还理直气壮地大骂：'是谁把茶杯乱摆在这里的？'摆杯子的人也不甘示弱地反驳：'是我摆的，你为何不小心把它打破了？'彼此间不肯认错，不肯退让，僵持不下当然会吵架了。可是我们家，如果谁不小心打破茶杯，就会抱歉地说：'对不起，是我疏忽打破了杯子。'而放茶杯的人听到也会回答：'这不全怪你，是我不应该将茶杯放在那儿。'像这样坦白承认自己的过

失，互相礼让，怎么会吵架呢？"社会学专家点了点头。东家人真是智人智语。不是吗？与人交往时常抱以"对不起，我错了"的心态，把自己的姿态放低，学会谦卑，以坦诚来修炼自己的心性，扩大自己的度量就能化解许多误会。

"对不起！"这三个字看来简单，可是它的效用，不是别的字所能比拟。这三个字，它能使倔强者低头，也能使怒气消减。可是有多少人知道它的效用，而充分利用它呢？多少仇怨，多少嫌隙，不正是因某一方不会使用这三个字而起吗？

凡物不平则鸣，世间原无不可解决的事。你在公共汽车上误踩了别人的脚，你说声"对不起"，被踩者自然不计较什么了。人的心理原是这样，对于许多事情皆可原谅。若因为你的过失，使别人吃亏，而你还不承认自己的不是，好像他的吃亏是咎由自取似的，这就不能使他原谅你了。客气和谦虚是获得友谊的唯一方法，事事要占上风，到处惹是生非，则其受人冷落，就不奇怪了。在公共汽车上踩了别人一脚，自己不承认错误，还埋怨旁人，以此处世，必不能使别人心服。

消除恶感，避免伤害对方的感情，最聪明的方法是自己谦逊一点。自己有过失的时候立刻道歉，别人会给你同情。反之，不承认过错，就难怪对方生气，许多小口角变成打架，或因一两句话就酿成命案的，皆由此而起。倘若我们大家都常常不忘这三个字的巧妙，我们的生活将会增加多少愉快和祥和呢！

"对不起，害你等了许多时候。""对不起，你可以替我把茶杯递过来吗？"在日常的谈话中，这三个字真是用途太多了。因为它能表示客气和礼貌，能使别人对你更为宽容了解。"对不起"三字，意思无非是让别人占上风，既然他占上风了，他还有什么更大的要求呢？息事宁人，莫善于此。要使家庭不失和，朋友不交恶，这三字真是百效灵药。古人教人要"夫妻相敬如宾"，对人要"恭敬谦和"，也无非叫你多说几声"对不起"罢了。

下次你要经过别人座位时，请先说声"对不起"，那么让路的人一定不会把眉梢皱起。如果你招待你的顾客时多说两声"对不起"，那交易也十有八九会成功的。

第四章 说话有礼貌，沟通也优雅——沟通礼仪学

哈佛人际关系学家指出，道歉，它能够挽救危机、消除窘迫、走出困境、和解受损的关系。它可以巩固友谊，推进新的人际关系的发展，使双方会更加珍惜经过波折而重归于好的感情。道歉，在低头鞠躬的同时，将自己在人生的台阶上又提高了一步。道歉，是利人益己的鞠躬，是真诚的悔悟，而不是妄自菲薄；是人格的完善，而不是卑躬屈膝；是性格的成熟，而不是丧失尊严。

道歉也有方法和技巧，以下9点要注意。

⊙ 勇于承担责任

道歉首先要有承担责任的诚心和勇气。道歉不仅不是一件丢脸的事情，反而更能体现一个人良好的人品与修养。"负荆请罪"的典故中，人们不仅佩服蔺相如的"豁达大度"，更佩服廉颇"有过则改"的勇气和负荆请罪的真诚。有人道歉"犹抱琵琶半遮面"，左一个"因为"，右一个"假设"，强调种种客观因素，或将责任推到他人身上，说"要不是他……我不会"，而很少扪心自问是否无愧。这样的道歉自然苍白无力，无法让人生出谅解之情。道歉要有"廉颇式"的诚意，有了诚意，才会有说"对不起，我错了，请原谅"的勇气。

⊙ 善于把握时机

很难想象几十年后的"对不起"不是一句迟到的忏悔。道歉要善于把握适当的时机，应选在对方心平气和、有喜事临门等心情较好的时候。"人逢喜事精神爽"，这时，他更容易接受你的道歉，与你握手言和、重归于好。时间宜早不宜迟。道歉要善于选准适当的地点，最好是亲自上门道歉，或约对方到一个环境幽雅安静的地方，双方都能平心静气，自然也就容易推心置腹、开诚布公地谈一谈心，化干戈为玉帛。

⊙ 巧于借物传情

如果直接道歉不适宜，也不妨在适当时间打个电话或写封言辞诚恳的信，向对方表示歉意。也可以请一位彼此都信任的朋友、同事或领导代为转达歉意。日后，时机适宜时再登门致歉赔礼。雨不小心伤害了同学文，他感到很内疚。于是，文生日那天，雨到学校广播站为文点歌一首，并说：

"文，对不起，我真的不是故意的，你能原谅上周末惹你生气的朋友吗？今天是你的生日，我祝你生日快乐，前程似锦！"文听到广播后很感动，立刻登门致谢，两人和好胜初。

⊙ 贵在持之以恒

也许你的失误给了对方深深的伤害，这时，你要有诚心，更要有耐心。一次不行就两次，两次不行就三次。濒于失去耐心与信心时，你要站在对方的立场上想一想：要是你，你能轻易原谅深深伤害你的人吗？滴水尚能穿石，只要你敞开心扉真诚地对待对方，"精诚所至，金石为开"，朋友间再不会有解不开的心结。

⊙ 不要找借口

人们在道歉时，往往不理智地倾向于为自己寻找一些造成过失的借口。实际上，这不仅会冲淡你的诚意，还会失掉对方表示原谅或宽容的机会。不找借口的致歉可为双方留下更为良好的自我感觉。至于道歉者对过失应承担多少责任，其关系实在是微乎其微。因为越是主动地把责任揽于自身，就越会激励别人主动承担自己应当承担的责任。

⊙ 不可敷衍了事

诚恳地道歉才能弥补过失。轻描淡写的道歉，会使对方感到羞辱，认为你瞧不起他或者他无足轻重。有的人仅仅学会说"对不起"，犯了什么错都随口一声。久而久之，人们会疏远你，不再相信和原谅你。

⊙ 不必一再道歉

有人虽属说话高手，但在道歉艺术上却欠功夫。苏姗在办公室里不小心将蓝墨水洒到乔伊斯的粉红色裙子上。她连忙赔礼，道歉不迭。乔伊斯安慰她说，不要紧。下班后，乔伊斯用药水把墨迹洗掉，并且忘了这件事。可是事隔三天，苏姗见着乔伊斯，再次向她道歉。以后，每次两人碰面，苏姗都要赔不是，弄得乔伊斯很烦。她说："你不必总记着那件小事。我早把它搁到脑后了。你要是还这样折磨自己，我就没法跟你做朋友了。"当对方谅解你以后，你心里不要再觉得老是过意不去。

⊙ 做件好事作为赔礼的表示

第四章 说话有礼貌，沟通也优雅——沟通礼仪学

有的人出于个人尊严，不愿意当面赔礼，但又觉得不向对方道歉又过意不去。因此，不妨换一种方式，为对方暗中做件好事，以使他明白你的歉意。比如，你借朋友的一本书，不慎遗失，你不好意思解释，便可买另外一本你朋友喜欢的书送给他，或者帮他办一件他不易办到的事。这种替补式的道歉还能增进人们的情感。道歉者至诚至恳，接受道歉者也要宽容。对道歉者，应当真挚地说一声："没什么！""我原谅你！""我接受你的歉意！"如果大家能坐到一张桌子上，边吃边谈，那定会平息一切风波，消除一切隔阂。严于责己，宽以待人，才是一种高尚的美德。

⊙ **道歉用语"对不起！"**

"请原谅！"

"很抱歉！"

"打扰了！"

"给您添麻烦了！"

"对不起，是我的不对！"

"我错怪你了！"

"请你转告李先生，就说我对不起他！"

"请你把这束小花转交给王小姐，我向她道歉。"

感谢：感谢的话恰当说出来

哈佛沟通课指出，学会感谢，让我们在社交沟通场合变得彬彬有礼，给人留下很好的印象。

说感谢话是一门学问，把感谢的话留到第二天去说，不仅起不到感谢的效果，还会让人感到你不懂基本的礼貌与礼节，很难与人建立友好的人际关系。感谢不仅要及时，还要做到情动于衷，言为心声。在情感真挚的前提下，说感谢话时，做到声情并茂，表情恰当，会让对方如沐春风。

人际交往是一个互动过程。一方的善意行为必然引起另一方的"酬谢"，例如感谢。而这种"酬谢"又将进一步使对方产生好感，并发出新的善意行为。这样，就使双方的人际关系进一步融洽。

一声真诚的"谢谢"虽然只有两个字，却体现了人与人之间的配合与默契。正确、恰当地道出"谢谢"，有以下几种方法。

⊙ **诚心实意**

当你确实从内心深处产生感谢对方的愿望时再说出"谢谢"，这才能显示出你的真心实意，并赋予感谢以感情和生命。最能显示你的谢意真诚的，无过于在"谢谢"二字前面加附加的修饰词，如："真是太谢谢您了""万分感谢您的无私援助"等。或者用重复的句式，如："谢谢，谢谢，谢谢您了。"

⊙ **直截了当**

向对方表示谢意的最好方式是直接、当面，不要委托别人，也不要含糊其辞地让人听不明白，更不要怕别人知道你要向他道谢而不好意思。如："上次孩子入托，多亏你的大力帮助。尤其是孩子年龄差一点，这一关，要不是你多次给我疏通，我怕还得在家哄孩子玩呢！真是太感谢您了！

感谢者不仅直接面向被谢者，而且把因为什么要感谢说得重点突出，让对方从中也生出一种自己有能力办大事、关系网多的自豪感。看来，直截了当不仅在于方式，也在于"谢谢"之语中的具体内容。当然，在有外人的场合或不便直截了当地说出感谢的内容时除外。

⊙ **指名道姓**

如果你要感谢一同帮你办事的几个人，那就不仅仅要说概括性的"谢谢大家"，而且要一个一个点名道姓地向他们道谢。这种事千万不要怕麻烦，有几个应该感谢的就逐个按照他们的职位、年龄或与你的亲近程度一个一个地给他们"点名"感谢，这就使被感谢者知道你是一个重情重义的人，以后会更乐意与你交往。

⊙ **出人意料**

出人意料，指的是当对方没有想到或本来感到这件小事不值得感谢的时候，你却对他们道出了真诚的"谢谢"二字。也许，对方甚至根本没有特意为你做什么事；也许，对方只是无意地或者顺带地在做其他事时使你的事也成功了。对于这些，你都不必吝啬你的感谢。

⊙ **主动及时**

这是从感谢者的道谢态度和时间上来说的。及时，是说感谢者要在别人为你做事后，在尽短的时间内马上去表示感谢。主动，是指要主动找上门去，如对方所在单位和家里去亲自道谢，而不要在路上遇见或偶然在某个公共场合想起来才表示感谢。虽然同样是"谢谢"二字，主动、及时地上门道谢和被动、偶尔相逢才想起道谢的效果是截然不同的。如：当你得了别人的帮助、事情已有了好的结局，就可以马上登门道谢："王科长，我今天是无'谢'不登三宝殿哪！您可帮了我——不，您可帮了我们全家的大忙啦！我爱人昨天听到信后就催着我来向您致谢，我儿子也说：'代我谢谢王叔叔！'所以说，我今天来是代表我们一家三口来的，真诚地谢谢您！"试想一下，如果这番话放在几个月或半年以后再说，或者不是去王科长家里，而是偶尔在路上相逢才说出，谁会相信这"谢谢"二字的诚意呢？

第五章 说话说到位,沟通才到位——沟通分寸课

哈佛沟通课指出,有效的沟通需要注意沟通方式,把握说话尺度。在沟通中,如果口无遮拦,说错了话,说漏了嘴,是很难补救的。所以说话要讲究分寸,讲究"忌口",不说过头话,知道什么话该说,什么话不该说。否则,若因言行不慎而让别人下不了台,就会把事情搞糟,给自己和他人都会带来伤害和损失。

说话分寸拿捏得好,很普通的一句话,也会平添几许分量,话少又精到,给人感觉深思熟虑。而说话的分寸取决于与你谈话的对象、话题和语境等诸多因素的需要,这就要求字斟句酌,把每句话都说到位。

谨慎开口：谨防言多必失

沟通是一门艺术，这毋庸置疑。有很多人说的话，立足点和出发点本来是不错的，但由于说话没有节制，不分场合不分时机地自顾自地说，不注意说话艺术，最终导致无谓的误解和争端。

⊙ 言多易招祸

中国隋朝时，贺若弼任大将军，但他常常为自己的官位比他人低而怨声不断，自认为当个宰相也是应该的。不久，还不如他的杨素做了尚书右仆射，而他仍为将军，未被提拔，他气不打一处来，不满的情绪和怨言便时常流露出来。

后来一些话传到了皇帝耳朵里，贺若弼被逮捕下狱。隋文帝杨坚责备他说："你这个人有三太猛：嫉妒心太猛；自以为是，自以为别人不是的心太猛；随口胡说目无长官的心太猛。"因为他有功，不久也就放了。他还不吸取教训，又对其他人夸耀他和皇太子之间的关系，说："皇太子杨勇跟我之间，情谊亲切，连高度的机密，也都对我附耳相告，言无不尽。"

后来杨勇在隋文帝那里失势，杨广取而代之为皇太子，贺若弼的处境可想而知。

隋文帝得知他又在那里大放厥词，就把他召来说："我用高颖、杨素为宰相，你多次在众人面前放肆地说：'这两个人只会吃饭，什么也不会干'，这是什么意思？言外之意是我这个皇帝也是废物不成？"贺若弼回答说："高颖是我的老朋友，杨素是我舅舅的儿子，我了解他们，我也确实说过他们不适合担当宰相的话。"这时因他言语不慎，得罪了不少人，朝中一些公卿大臣们怕受株连，都揭发他过去说的那些对朝廷不满的话，并声称他罪当处死。

隋文帝对贺若弼说:"大臣们对你都十分厌烦,要求严格执行法度,你自己寻思可有活命的道理?"贺若弼辩解说:"我曾凭陛下神威,率八千兵马渡长江活捉了陈叔宝,希望能看在过去功劳的份上,给我留条活命吧!"隋文帝说:"你将出征陈国时,对高颖说:'陈叔宝被削平,问题是我们这些功臣会不会飞鸟尽,良弓藏?'高颖对你说:'我向你保证,皇上绝对不会这样。'是吧?等到消灭了陈叔宝,你就要求当内史,又要求当仆射。这一切功劳过去我已格外重赏了,何必再提呢?"贺若弼说:"我确实蒙受陛下格外的重赏,今天还希望格外的赏我活命。"此时他再也不攻击别人。隋文帝考虑了一些日子,念他劳苦功高,只将他贬职为民。

贺若弼因言多而坏事,所以处世要忍,不讲不该讲的话,以免招致不必要的祸端。

⊙ **话不在多而在"精"**

所谓话不在多,而在于"精"。成功的沟通不在于说了多少话,而在于是否把话说到点子上。哈佛沟通学家指出,任何事物,不管是多么复杂的现象,多么深奥的思想,只需抓住它的核心,就相当于找到了一把钥匙,只要抓到它,就能提纲挈领,一通百通,在与人交往过程中,将会收到"画龙点睛"的效果。古语说:兵不在多而在精。说话也应以"精"为好。《墨子闲话》中记下这样一个故事:

子禽有一次问他的老师墨子:"多言有好处吗?"

墨子回答说:"青蛙日夜都在叫,弄得口干舌燥,却不为人们所爱听。而晨鸡黎明按时啼,天下不都被叫醒了!多言有什么好处?"

事实正是如此。

有话好说：掂量每句话的轻重

狄摩西尼曾说："一条船可以由它发出的声音知道它是否破裂，一个人也可以由他的言论知道他是聪明还是愚昧。"这句话告诉我们，人们往往用内心的思想来评断自己，但是，别人却会从你口里说出来的话来评断你这个人。这就要求我们"有话要好好说"，这也是哈佛课所强调的一点。

⊙ 话多不如话好

纪晓岚是众所皆知的机智才子，此外，他还是个绝佳的沟通高手。纪晓岚在小的时候就已经非常有大将之风了。有一次，他和几个孩子在路边玩球，一不小心，把球丢进了一个轿子里。

大家匆匆忙忙地跑过去一看，这可不得了！轿子里坐的竟然是县太爷，不仅如此，那颗皮球还不偏不倚地击中了他的乌纱帽！

"是谁家的孩子胆敢在这里撒野？"乌纱帽被天外飞来的一球打歪的县太爷怒斥道。孩子们一哄而散，唯独纪晓岚挺着胸膛，走上前去想讨回皮球。

纪晓岚恭敬地对县太爷说："大人政绩卓越，百姓生活安乐，所以小辈们才能在这里玩球。"

县太爷一听，气马上消了一半，他笑着说："真是个小鬼灵精！这样吧，我出个上联给你对，要是你对得上，我就把球还给你。"

县太爷环顾了一下四周，出了道题目："童子六七人，唯汝狡！"

纪晓岚眼睛一转，说出了下联："太爷二千石，独公……"

"独公什么？赶快说啊！"

"大人，如果把我的球还给我就是'独公廉'，要不然就是'独

第五章 说话说到位，沟通才到位——沟通分寸课

公……'"纪晓岚故意支支吾吾地不说下去。

县太爷看到这种情形，不由得哈哈大笑，他一边把球还给纪晓岚，一边笑骂道："好小子，真有你的！我才不要中了你的圈套，成了'独公贪'咧！"

说话是一门学问，话多不如话少，话少不如话好，把话说到点子上，一句话足矣！

⊙ 掌握"有话好说"这门艺术

一言定江山，一个人的谈吐便有可能改变他的一生。20世纪60年代，美国有一位民权运动者，在街头巷尾宣传"种族平权运动"。他的声音冷静，但用字遣词充满张力，一波接着一波的言语像一首交响乐，以一种锐利的形势层层迭上、推进人心。

当他终于以最深沉的嗓音嘶吼出"我有一个梦！我有一个梦"时，台下的群众全被震慑住了，他们疯狂地响应着："阿门！阿门！"

这个名叫马丁·路德·金的民权运动者，便以这篇著名的《我有一个梦》的演讲席卷全国，改写了美国的历史。

哈佛沟通课强调，征服一个人，以至于征服一群人，有很多时候用的往往不是刀剑，而是舌尖。

我们也许没有纪晓岚的机灵，没有马丁·路德·金的魅力，但是"有话好说"，乃是我们必须用一生来学习的艺术。

言之有度：说话要有分寸，沟通要有尺度

说话有分寸、沟通有准则是哈佛沟通课所强调的一个重要沟通原则。说话要有分寸，分寸拿捏得当，普通的一句话，会因分寸感平添几许力量，话少又精到，给人感觉深思熟虑。说话的分寸决定与你谈话的对象、话题和语境等诸多因素的需要。换句话说，要言之有度。

有度的反面则是"失度"，什么叫做"失度"呢？一般说来，对人出言不逊，或当着众人之面揭人短处，或该说的没说，不该说的却都说了。这些都是"失度"的表现。下面简要介绍一些在谈话中禁忌的话题，接触这些话题容易导致谈话"失度"，产生不良效果。

⊙ 随意询问健康状况

向初次见面或者还不相熟的人询问健康问题，会让人觉得你很唐突，当然如果是和十分亲密的人交谈，这种情况不在此列。

⊙ 谈论有争议性的话题

除非很清楚对方立场，否则应避免谈到具有争论性的敏感话题，如宗教、政治、党派等易引起双方抬杠或对立僵持的话题。

⊙ 谈话涉及他人的隐私

涉及别人隐私的话题不要轻易接触，这里包括年龄、东西的价钱、薪酬等，容易引起他人反感。

⊙ 谈论个人的不幸

不要和同事提起他所遭受的伤害，例如他离婚了或是家人去世等。当然，若是对方主动提起，则要表现出同情并听他诉说，但不要为了满足自己

的好奇心而追问不休。

⊙ **讲一些不同品味的故事**

一些有色的笑话，在房间内说可能很有趣，但在大庭广众之下说，效果就不好了，容易引起他人的尴尬和反感。

哈佛沟通学家指出，在人际交往中，谈话要有分寸，认清自己的身份，适当考虑措辞。哪些话该说，哪些话不该说，应该怎样说才能获得更好的交谈效果，是沟通时应注意的。

同时还要注意讲话尽量客观，实事求是，不夸大其词，不断章取义。讲话尽量真诚，要有善意，尽量不说刻薄挖苦别人的话，不说刺激伤害别人的话。

口有遮拦：避免话不投机、话语伤人

哈佛人在与人交谈沟通的过程中，都极为注重说话的内容，在他们看来，每说一句话之前，都要考虑一下你要说的话是否合适，不要口无遮拦，想说什么就说什么，给其他人造成不快。

⊙ 说话不能口无遮拦

即使是亲密无间的朋友，说话也不能口无遮拦，不考虑别人的感受。有些人说话所以惹恼人，并不是他们不会说话，而是场合观念淡薄。所以，对于这些人来说，当务之急在于增强场合意识，懂得不同场合对说话内容和方式的特定限制和要求，时时不忘看场合说话。

与别人聊天或者闲谈的时候，最好不要对个人的卫生状况妄加评论。如果某人的肩膀上有很多头皮屑或口气很难闻，或者拉锁纽扣没系好，请尽量忍耐不去想，并等他亲密一些的朋友告诉他。如果你直接告诉他，特别是在人比较多的场合，很容易让对方处于尴尬的境地。

许多人不喜欢别人问自己的年龄，尤其对女性而言，年龄是她们的秘密，不愿被人提及。对钱等涉及个人收入的一类私人问题的询问通常也是不合适的，可以置之不理。

在社交活动中，应该以诚待人，宽以待人。要与人为善，而不要打听、干涉别人的隐私，评论他人的是是非非等等。不要无事生非，捕风捉影，也不要东家长，西家短，更不要传小道消息，把芝麻说成西瓜。说话要有事实根据，不能听风就是雨，随波逐流。

第五章 说话说到位，沟通才到位——沟通分寸课

⊙ 说话要避免话不投机

在社交活动中，应当尊重人，温文尔雅，讲究语言美，而不要自以为是，出言不逊，恶语伤人。

此外，如果两人相见，话不投机怎么办？不妨把"话不投机"的对方当作会话训练的对手。有一种人，当他和某人在一起时，总是有说不完的话，可是和另一个人在一起时，却沉闷得不讲一句话。

有些朋友一旦感到与对方讲话不投机，自己虽有话题，也不愿提出，而且从心底里拒绝接受对方的意见，这不是一个有教养的人所应有的态度。培养自己的说话能力，除了说话的场合与次数要多以外，更要把握与各式各样的人交谈的机会。你或许会发现自己对某个人有很深的成见，一见到他，就产生一股厌恶感。这时，你不要逃避，应该更积极地去跟他交谈，这是训练会话技巧的最佳方法。你可以选择一些比较轻松的话题跟他谈，例如电影啦、音乐啦，通过这些交谈，可以促进两人之间的感情，增加彼此的了解。经过几次交谈后，或许你会发觉："哦！原来他不是一个那么令人讨厌的人！"也可能你们会从此变成一对很谈得来的朋友。

日本影评家淀川长治曾说："我从来没有碰到过令我讨厌的人。"你如果能够纠正不跟讨厌的人讲话的观念，一定会变得很有人缘，会话技巧也必提高，这种一举两得的事，何乐而不为呢？而如果一次话不投机就放弃了深入了解别人的机会，或许失去的要比得到的更多。

⊙ 说话不要轻易透露自己的隐私

罗曼·罗兰说："每个人的心底，都有一座埋藏记忆的小岛，永不向人打开。"马克·吐温也说过："每个人像一轮明月，他呈现光明的一面，但另有黑暗的一面从来不会给别人看到。"

这座埋藏记忆的小岛和月亮上黑暗的一面，就是隐私世界。每一个人都有自己的隐私，都有一些令人不快、痛苦、悔恨的往事。比如恋爱的破裂，夫妻的纠纷，事业的失败，生活的挫折……这些都是自己过去的事情，不可轻易示人。

每个人都有自己的过去，都存在一些不为人知的秘密。朋友之间，哪怕

感情再好，也不要随便把你过去的事情、秘密告诉对方。

如果你是职场中人，你将你的秘密告诉你的同事，在关键时刻，他很可能会跟林明一样，拿出你的秘密作为武器回击你，使你在竞争中失败。他将你不光彩的秘密说出来，你的竞争力就会大大削弱。

自己的秘密不要轻易示人，守住自己的秘密是对自己的一种尊重，是对自己负责的一种行为。

与同事说话，要分人、分场合、分时间。你所说的话，对方是不是爱听，说你自己的事，同事必须关心吗？说同事的事，你的说法正确吗？不分场合地讲你的事情或同事的事情，他们会不会反感？不管同事的心情好坏、时间松紧，唠唠叨叨，同事不厌烦吗？这些都是你要考虑的，要"三思而后言"。过多的暴露，会让人觉得你肤浅；过分的热情，会让人产生讨好的印象。因此，与同事说话，要因人而异，否则物极必反。

不分青红皂白地把同事当作知心朋友，动辄一吐心曲，更是需要小心的。特别是与同事相交甚欢或话语投机之时，更要把住口舌关。当别人对自己倾诉知心话，自己要以诚相待时，仍要特别注意，不可毫无遮拦。因为人际关系是经常变化的，今天的知心人或许就是明天的对手，你的知心话就会成为明天握在对方手中的把柄。给自己留一点余地，留一条后路，总会让人觉得安全、踏实。

第五章 说话说到位，沟通才到位——沟通分寸课

尊重他人感受：说话不能只顾自己过瘾

哈佛沟通课指出，与人交谈沟通，不能只考虑自己的观点和角度，这样只是单方面的沟通，会使沟通陷入困境，从而无法进行下去。沟通通常不是说给自己听，而是说给别人听；既然如此，你又怎么能不去考虑一下别人听了这些话，会有怎么样的解读呢？说话不能只顾自己痛快，要照顾他人的感受。

⊙ 说话只顾自己过瘾容易招致祸端

一句话可能令你晋位升爵，但也有可能为你惹来杀身之祸。尽信书不如无书，同样的，如果不具有融会贯通说话的学问，那就少言为妙。

说话要说好，更要说得巧。一个真正懂得说话的人，不见得字字珠玑、句句含光，但是，他总是能说出对方想听到的话。

⊙ 切莫随便宣扬别人的失误

在人际沟通场合，有的人总希望能有机会显示自己的能耐，说话只顾自己过瘾，丝毫不考虑他人的感受。

有的人一旦发现别人的失误，就似乎看到了自己的胜利，绝对不会忘记大肆地宣扬出去。如果朋友破天荒地办了件蠢事，你就像发现了新大陆一样，在背后逢人便讲，这是一大陋习。

当然也有人由于心直口快，无意中把别人的失误给当面指出来，直到别人脸红脖子粗，才意识到这样似乎不大妥当。很安静的办公室里，你发现同事文件上的一个字写错了，你是好心好意地来到他面前，声音不算很响地告诉他"你把'狠'写成'狼'了"，其他人可能没听到，但他却会感觉很难堪，并以为所有人都听到了，如果有人偷偷地笑一声，那就更让他几天都会

感觉脸上无光，他也因此可能恨你几天。

　　宣扬别人的失误必然会让对方难堪、尴尬、伤了自尊。如果对方能较好地看待，或者说你这人本质还不错，那么可能结果会好些。万一对方是个很要面子的人，或者你人缘本来就一般，那就可能对你很不利了，你得小心着万一哪天就会有人报复你。如果你树敌还不止一个，那就更麻烦了！

第五章　说话说到位，沟通才到位——沟通分寸课

点到为止：话到嘴边留半句

哈佛沟通学家认为，尽管说话要求有一说一，有二说二，无须曲里拐弯地云山雾海一番，但在与人交谈沟通时，为了避免伤害他人，为了更好地赞美他人或是为了得到别人的帮助时，必须将要表达之意寓于其他话语中，而不能做所谓的"直肠子"，快人快语，结果把事情搞砸。为此，交谈沟通中不能有什么说什么，要做到"话到嘴边留半句"。

话到嘴边，应该留下哪"半句"呢？

⊙ **隐私或秘密不可轻易泄露**

这两样东西，将暴露自己的意图和弱点。对方也许是朋友不是敌人，不过就怕他竟然是敌人或受敌人利用。

偶有一些人，"心底无私天地宽"，敢说就敢做，敢做就敢当，没有什么隐私，也不怕受损，"事无不可对人言"。这种人都是遍体鳞伤的英雄，十个人中大概有九个不敢自认是这种人，也没有"打落牙齿和血吞"的心理准备，所以话到嘴边，留下这要命的半句是非常有必要的。

⊙ **留住自以为是的见解**

人们都是根据有限信息进行思考并形成想法，在信息残缺不全时，会形成偏见。加上感情倾向与情绪作用，会使自己的见解偏得更厉害。正如索罗斯说："我们对世界的所有认知都有缺陷，因为我们无法透过没有折射作用的棱镜看待这个世界。"

虽然每个人的想法都带有偏见，但掌握信息较多、比较理智、能有效克服情绪的人往往意见更正确，至少更令人信服。因为在一些人中，大家的见

解都超不过他的见解。你看那些经验丰富的领导人,当别人进行热烈的讨论时,他却坐在那里一言不发。等别人把想说的话都说完了,他再发表意见,一开口就语惊四座,让大家都觉得自愧不如。其实,他在保持沉默时,并非没有想法,只不过能隐忍不言而已。当他听完所有人的讨论后,掌握的信息已经比别人多了,在此基础上形成的想法,自然胜过所有人。

⊙ **避免对别人不恰当的批评和指责**

所谓不恰当,有多种含义:如果你看错了对象,误会了人家,批评和指责无疑是不恰当的。假如对方确有挨批的理由,是否批他,还得看风向。

比如,你这样做,是否对他确有帮助?是否会加深误会激化矛盾?另外,如果对方已经意识到了自己的错误,并有改正的倾向,就没有必要对他说三道四了。

当你确定批评他是必须而且有用的,点到为止即可,多余的话还是得咽回去。你也许有幸挨过一些领导的批评,那些被你认为是有涵养的领导,总是羞答答地说那么一句半句,好像很难为情似的,你这么大的人了,真不方便说你。正因为这样,给你的印象反而特别深刻。

⊙ **不发毫无价值的牢骚**

生活中本来就是不如意的事要占很大比例,你到哪里去找一个圆满的世界?已经吃到肚子里的东西,无论米谷糟糠,总是要自行消化的,岂能吐出来让别人心里难受?抱怨通常没有价值,只有一种例外:你想让某人知道你的想法,却不便当面说,想让眼前这个喜欢多嘴饶舌的人带话过去。

⊙ **抛弃不着边际的废话**

为说话而说话,把东家的长、西家的短都搬出来当谈资,讲完了也不知道自己到底说了什么,这无疑是废话。那又何必要说?那又何必说太多?

第五章 说话说到位，沟通才到位——沟通分寸课

不揭底牌：识破别说破面子

面子在很多人心目中可谓是一件大事，与人交谈伤人脸面，伤害、侮辱别人是何等沉重的一条"大罪"。但是，当对方"自取其辱"时，你要如何保全对方的颜面，又设法达到自己的目的呢？

⊙ **说话要不伤对方脸面**

一次，郑武公设宴款待来自各国的使者，餐桌上摆着精致绝伦、刻着九条龙的酒杯供各国使者使用。每位使者把玩欣赏自己面前的九龙杯，都对上面精细的刻功赞不绝口。

宴会结束时，一个眼尖的侍卫看到胡国的使者竟然趁别人不注意时，偷偷拿了一个九龙杯藏到自己的袋子里。

他把这件事报告了大将军，但大将军担心直接向胡国使者要回杯子，会使对方恼羞成怒，因此迟迟不敢有所动作，打算先请示郑武公的意见。

郑武公左思右想，到底要怎么样才能顺利地取回这个九龙杯，又让大家都和和气气的，不伤感情呢？

"好，我有办法了！晚宴后不是安排民俗技艺给远道而来的贵宾们欣赏吗？我们就加一场魔术表演，让各国使者开开眼界。"郑武公的算盘已经打好，拈着胡子，一副胸有成竹的样子。

吃饱喝足以后，魔术表演正式登场，魔术师将三个九龙杯用黑布盖起来，接着拿了个道具，神秘兮兮地对着黑布比划一下，等到黑布被掀开时，三个九龙杯竟然只剩下两个。

在众人鼓掌欢呼时，魔术师向观众表示，其中那个凭空消失的杯子被他

变到台下观众那里了。然后，魔术师缓缓地走向胡国使者，彬彬有礼地请他打开袋子，把袋子里的九龙杯拿回台上。

胡国使者虽然吃了闷亏，不过碍于情面，还必须配合大家为这个精彩的魔术表演拍手叫好呢！

虽然郑武公坏了胡国使者的好事，但是却在达到双赢的前提下，保全了胡国使者的面子。

如果郑武公当众揭穿胡国使者令人不齿的行为，即使最后取回九龙杯，却也不免有小题大做的嫌疑，甚至引来吝啬小气的批评，就算有理，也是得不偿失。

记住，多了个朋友就等于少了个敌人，说话给对方留条后路，也就等于给自己留条后路。冲动地撕破脸固然大快人心，但是，撕破脸之后呢？有时你也冲动地断送了自己的后路。

⊙ **不说带刺的话，说话考虑对方感受**

我们不主张对他人包庇，但从另一个角度来说，对待身边的人出现的错误或异常情况，切忌主观臆断，一定要深入调查，查明原委，再对症下药。

某中学曾经有位学生上学经常迟到，上课铃声响过才到教室，而且喜欢参与打架。同学们对他十分不满，任课教师也大为光火，班主任更是忍无可忍，上报学校要将他开除。但校长并不同意，而是要教务主任调查情况。通过调查，了解到他在初中时，老师称他为"老油条""草包""笨猪"，同学也不大去理睬他。还了解到他父母离异，判给爸爸，而爸爸又找到了一个老婆，还有一个小弟弟。这样的家庭导致他从小无人管教，没有享受过家庭的温暖和父母的关爱，因而就产生了破罐子破摔的念头，对周围的一切都漠然置之。

突然之间学校中再也没有人觉得他可恶了，还特地为他召开了一次题为"自信、自爱、奋发图强"的主题班会，特意安排他多参加集体活动表现自己。这样，使他体会到了集体的温暖，自身的价值，从而改掉了身上的不良习气。

我们在与人相处的时候，关键是你不能钻牛角尖，老往坏处想"这个

第五章　说话说到位，沟通才到位——沟通分寸课

人太讨厌了"或"我非得教训他一顿不可"，这样会使你更加愤怒而气上加气、不能自拔。

当我们践踏别人感情，当着别人的面批评一个孩子或一名职工，毫不顾忌地伤害别人的自尊之后，只需要几分钟的思考：一两句体恤的话；一点点对对方态度的真实了解，对于解除这种刺痛，都有莫大的帮助！

三思后言：说话要留余地

哈佛沟通课指出，与人交谈沟通要慎重选择话语，说话要三思后"说"，留有余地，万不可使某一事物沿着某一固定方向发展到极端，而应在发展过程中充分认识，冷静判断各种可能发生的事情，以便有足够的条件和回旋余地采取机动的应付措施。

⊙ 说话要有回旋余地

某报社的主编交给新来的记者王心一个重要的采访任务，同时，主编告诉他："这项采访工作在实施时存在一定的困难……"正当主编要详细地向他介绍一下时，王心却拍着胸脯说："没有问题，包您满意。"三天以后，没有听到任何动静，主编便问他采访进展得怎么样？进度如何？他才不得不说："不像想象的那么简单。"

虽然主编也知道这个采访不会很轻松，但对王心当时轻易地拍胸脯表态却大有反感，从而对他这个人的能力也产生了怀疑。

生活中有很多事情我们无法预料它的发展态势，有的也不了解事情的发生背景，切不可轻易地下断言，不留余地，使自己一点回旋余地都没有。

⊙ 把话说死会把事情弄僵

有次，彼得与同事之间有了点摩擦，很不愉快，便对同事说："从今天起，我们断绝所有关系，彼此毫无瓜葛……"这话说完还不到2个月，这位同事成了他的上司，彼得因讲过过重的话很尴尬，只好辞职，另谋他就。

因把话讲得太满，而给自己造成窘迫的例子到处可见。把话说得太满，就像把杯子倒满了水一样，再也滴不进一滴水，否则就会溢出来。打满了气

第五章 说话说到位，沟通才到位——沟通分寸课

的气球，再充就要爆炸。

凡事总会有意外，留有余地，就是为了容纳这些"意外"。杯子留有空间，就不会因为加进其他液体而溢出来；气球留有空间便不会爆炸；人说话留有余地，便不会因为"意外"的出现而下不了台，做事留有余地从而可以从容转身。

我们可以见到一些政府官员在面对记者采访时偏爱用一些模糊语言，如："可能""尽量""研究""或许""评估""征询各方面意见"……他们之所以运用这些字眼，就是想为自己留有余地。否则一下把话说死了，结果是事与愿违，那该多难堪呀！

⊙ **多用"我试试看"的口气**

那么，怎样才能为自己留有余地呢？

对别人的请托可以答应接受，但不要"保证"，应代以"我尽量""我试试看"的字眼；上级交办的事当然接受，但不要说"保证没问题"，应代以"应该没问题，我全力以赴"的字眼。

这是为万一自己做不到留后路，而这样回答事实上又无损你的诚意，反而更显出你的审慎，别人会因此更信赖你！即使事没有做好，也不会怪罪你。

予人"台阶":说话要给对方"台阶"下

在交际过程中,难免会遇到一些尴尬的事情,让气氛骤然紧张、难堪,学会给对方一个"台阶"下,不仅缓和了对方的紧张心理,让事情得以顺利发展,而且还会让彼此的关系得到进一步的增进。那么,如何才能达到这样的沟通效果呢?哈佛沟通学家总结出以下几点技巧。

⊙ 变换谈话的气氛

在一个严肃的场合,在场者常常会被一两件突发事件搞得哄堂大笑,这严重破坏了严肃场合的庄重气氛,不利于活动的继续推进。面对这类突发事件,我们应当表现出较强的自制能力,尽量不受其影响,然后拿出一如正常状态下的严肃态度来应付此事,使之成为正常环节中的普通一环。

第二次世界大战期间,一位德高望重的英国将军举办一次祝捷酒会。除上层人士之外,将军还特意邀请了一批作战勇敢的士兵,酒会热烈隆重。没料想一位从乡下入伍的士兵不懂席上的规矩,捧着面前的一碗供洗手用的水喝了,顿时引来达官贵人、夫人小姐的一片讥笑声。那位士兵一下子面红耳赤,无地自容。此时,将军慢慢地站起来,端着自己面前的那碗洗手水,面向全场贵宾,充满激情地说道:"我提议,为我们这些英勇杀敌、拼死为国的士兵们干了这一碗。"言罢,一饮而尽,全场为之肃然,气氛一下变了过来。少顷,人人均仰脖而干。此时,士兵们已是泪流满面。

⊙ 变换话题的角度

在许多情况下,面对尴尬下不来台的情况时,将思维框定在常态之中,这会对事态的发展毫无作用。如果我们换一种角度对其尴尬的举动作出巧

第五章 说话说到位，沟通才到位——沟通分寸课

妙、新颖的解释，便可使原本的消极举动具有了另外的内涵和价值，成为符合常理的行动。

⊙ **变换对方的处境**

突然间发现别人的失误或错误行为，但当这些失误或错误行为不会导致重大的损失出现时，我们应尽量克制自己的情绪，以平静如常的表情和态度装作不解对方举动的实际意图和现实后果，并且给对方找到一个善意的动机，变换对方的处境，让事态的发展朝自己所希望的方向推进，以免把对方逼到窘迫的境地。

一天中午，M老师路过学校后操场时，发现两天前帮助搬运实验器材的几位同学正拿着一枚实验室特有的凸透镜在阳光下做"聚焦"实验。他想：他们哪来的透镜？难道是在搬运时趁人不备拿了一枚！实验室正丢了一枚。是上去问个究竟，还是视而不见绕道而去？这时，一位同学发现了他，其余的慌忙站了起来，手拿透镜的同学显得很不自在。M老师从同学们慌张的神情中可以进一步判断这透镜的来历。当时的空气就像凝固了似的，一分一秒也不容拖延。M老师快速地构思，终于想出一条处理办法，他笑着说："哟，这枚透镜原来被你们找到了？"凝固的空气开始流通起来。接着他用略带感激的语调补充道："昨天我到实验室准备实验器材，发现少了一枚透镜，以为是搬运过程中丢失了，沿途找了好几遍都未能找到，谢谢你们帮我找到了这枚透镜。这样吧，你们继续实验，下午还给我也不迟。"同学们轻松地点了点头，空气依旧是那么温暖，那么清新。

不触"逆鳞":不要触犯他人的痛处

想和上司、同事建立良好的人际关系,一定要记住:保持适当距离,做事公私分明,尤其要注意,言谈之间不要说到别人的痛处。被击中痛处,对任何人来说都是不愉快的事。

不碰触别人的痛处,不但是说话待人的分寸,更是左右逢源的关键。

⊙ **触犯"逆鳞"是说话的大忌**

中国古代有所谓"逆鳞"的说法,强调即使面对富有智慧的气度的蛟龙,也不可掉以轻心。

传说中,龙的咽喉下方约一尺的部位,长着几片"逆鳞",全身只有这个部位是逆向生长的,万一不小心触摸到这些逆鳞,必定会被暴怒的龙吞噬。至于其他部位,不论你如何抚摸或敲打都没太大关系,只有这几片逆鳞,无论如何也触摸不得,即使轻轻摸一下也犯了大忌。

每个人身上也都有几片"逆鳞"存在,即使是人格高尚伟大的人也不例外。唯有小心观察,谨慎说话,不触及对方的"逆鳞",也就是我们所说的"痛处",才能保持圆融的人际关系。

谁都希望自己比别人聪明,谁都不愿意别人发现自己的失误。很多人最大的本事就是通过宣扬别人的错误来显示自己的聪明,而这恰恰触到了别人的心病。所以有意无意地张扬别人的错误,是一种损人不利己的行为。

⊙ **不揭他人的隐私,不碰他人的疮疤**

每个人都有不为人知的秘密或隐私,在他过去的工作或生活历程中,他也许曾犯下错误,甚至做过不光彩的事情。如果你知道内情,在你的下属、

第五章 说话说到位，沟通才到位——沟通分寸课

同事或朋友犯错误或和你有不同意见而出言顶撞的时候，你将会怎么办呢？是揭人隐私，还只是就事论事？

有些人虽然不会把别人的隐私抖出，却常常把它当作筹码来压制他人。譬如，在盛怒的时候会说："你少跟我斗，你过去的黑资料还在我手中呢！"那个可怜的人会因为的确有污点掌握在别人手中，只好忍气吞声，但他心里却是非常气愤，于是，这种心情积累到一定程度，就会出现互相攻击对方隐私的情况。彼此都把对方的隐私抖出来，弄得两败俱伤，除了引来一大堆人围观，对谁也没有好处。因此，你要清楚，揭人疮疤是最没必要的。

也许有人会说："我并不是喜欢揭他的疮疤，但他的态度实在太恶劣，我才忍不住的。"这话乍听之下似乎有道理，但实际上只说明自己胸襟太窄。

有修养的人即使在盛怒之下，也不会扩散愤怒的波纹，但是涵养不够的人，被激怒了，往往就会面露凶貌、口出恶言，甚至随手拿起手边的东西往地上摔。

某些人暴跳如雷的时候，还会口不择言，用侮辱性的语言攻击别人最敏感的隐私，这是相当不智的行为。

一旦你攻击他人的痛处，修养好的人虽不至于当场发作，与你破口对骂，但心中的疙瘩和怨恨往往难以抹平，如果不幸他是你的上司或客户的话，你就会变成被"封杀"的对象。

在公司里，"封杀"意味着调职、冷冻、开除。如果你是公司负责人，"封杀"就代表着对方拒绝继续与你往来，或是"冻结彼此的关系"。

不乱开玩笑：沟通中不宜开过头的玩笑

几个好朋友聚在一起时，大家开开玩笑，相互取乐，说话不受拘束，原是一件让人高兴的事。不过凡事有利也有弊，乐极生悲，因开玩笑而使朋友不快的事情也常常遇到。所以，生活中我们真正要注意的是开玩笑的方法，即不开过头的玩笑。

⊙ 开玩笑要看对象

开玩笑之前，你先要注意你所面对的对象是否能受得起你的玩笑。

一般来讲，人可分为三类：第一种，狡黠聪明。第二种，敦厚诚实。第三种，则介乎两者之间。

对第一种人，即狡黠聪明的人开玩笑，他不会使你占便宜的，结果是旗鼓相当，不分高下。第二种，敦厚诚实者，则无还击之计，亦无抵抗之力。这种人喜欢和大家一起笑，任你如何把他取笑，他脾气绝好，不会动怒。对第一、第二种人，你可以看看对方的情形，而知道能否开玩笑。唯有介乎两者之间的那种人，最应认真对待。这种人大概也爱和别人笑在一起，但一经别人取笑时，既无立刻还击的聪明机智，又无接纳别人玩笑的度量。如果是男的则变为恼羞成怒、反目不悦，如果是女的就独自痛哭一场，说是受人欺侮。

所以开玩笑之前，要先认识对方，最为安全。

⊙ 开玩笑要适可而止

开玩笑，一两句说过便完了，不要老是开一个人的玩笑，也不要连续开好几个人的玩笑，不然你必招来非议。

开玩笑本来是一种调解谈话气氛的良好方式，但使对方太难堪了，亦

第五章 说话说到位，沟通才到位——沟通分寸课

非开玩笑之道。你笑你的同学考试不及格，你笑你的朋友怕老婆，你笑你的亲戚做生意上了当而蚀本，你笑你的同伴在走路时跌了跤……这些都是需要同情的事，你却拿来取笑，不仅使对方难于下台，且表现出你的冷酷。同样地，不可拿别人生理上的缺陷来做你开玩笑的资料，如斜眼、麻面、跛足、驼背等。别人的不幸，你应该给予同情才是。如果在谈话的人中，有一位在生理上有缺陷，那么在谈话中，要避免易使人联想到缺陷方面的笑话。

有一天，几个同事在办公室聊天。其中有一位P小姐提起她昨天配了一副眼镜，于是拿出来让大家看看她戴眼镜好看不好看。大家不愿扫她的兴都说很不错。这时，同事汤姆因此事想起一个笑话，便立刻说出来：有一个老小姐走进皮鞋店，试穿了好几双鞋子。当鞋店老板蹲下来替她量脚的尺寸时，这位老小姐是个近视眼，看到店老板光秃的头，以为是她自己的膝盖露出来了，连忙用裙子将它盖住。立刻她听到了一声闷叫。"混蛋！"店老板叫道，"保险丝又断了！"

接着是一片哄笑声。谁知事后竟从未见到P小姐戴过眼镜，而且碰到汤姆再也不和他打一声招呼。其中的原因不说自明。说者无心，听者有意。在汤姆来想，他只联想起一则近视眼的笑话。然而，P小姐则可能这样想：别人笑我戴眼镜不要紧，还影射我是个老小姐。

说笑话要先看看对哪些人说，先想想会不会引起别人的误会。像上例汤姆严重地伤了一个人的自尊，却是他始料不及的。

⊙ 开玩笑要注意分寸

人与人之间相处，适当开开玩笑，可能活跃气氛，增进友谊和感情。但是开玩笑也要把握分寸，不能开过头玩笑，特别是涉及对方的个人隐私和生理缺陷的话题，更是不能随便开玩笑，否则会引起对方不悦和反感。开玩笑，重在诙谐幽默，恰到好处。

广开言路：给别人表达和沟通的机会

我们做事，一切都力求做到恰到好处，过与不及都不值得提倡。现实生活中，与他人交往沟通，恰到好处的原则也很重要，下面就从几个方面来简要谈一下。

⊙ 不把说话变成"一言堂"

对话是交际的基础，有对话才有交流，有交流才能产生情感。一次成功的交谈应像一场接力赛，每个人都是集体接力的一员，既要接好棒，也要交好棒，棒在自己手上时，要尽心尽力跑好，棒在他人手上时，不妨为之加油，为之喝彩。如果把交谈变成一个人的独白，尽管你讲得眉飞色舞，口干舌燥，也没有人为你鼓掌喝彩，所以能说善侃者切忌扮演"一言堂主"的角色。

⊙ 接纳大家的观点和意见

交谈中，由于各人的阅历不同，对事物的认识也不尽一致，观点的分歧、碰撞、交锋不可避免。这本是很正常的现象，如果一听到对方提出不同的意见，就急迫地插话或打断他人的话，欲把自己的观点强加于人，这样必然给人留下狭隘偏激的印象。明智的做法应该是大度宽容，不要盲目排斥，人家观点与你不一致，你可以说服或被说服，可以妥协，也可以求同存异。智者千虑，必有一失；愚者千虑，必有一得。集思广益，取长补短，才能使我们既长智慧，又得人心。

⊙ 给他人说话和表现的机会

在交谈过程中，每个人都有表现欲，同时也有被发现、被承认、被赞赏的内在心理需求。如果只热衷于表现自己，而轻视他人的表现，对自己的

第五章　说话说到位，沟通才到位——沟通分寸课

一切津津乐道，而对他人的一切不屑一顾，就势必造成自吹自擂、自我陶醉的不良印象，无视他人的感受，容易造成他人的反感，使谈话出现冷场。因此，与人交谈时不能以自我为中心，要多考虑他人的感受，这样交谈才能有效顺利地进行下去。

从以上三个方面的叙述，我们可以看到注意恰到好处对说话有很大的影响。如果是"一言堂"，就会被人称为"话篓子"，甚至会妨碍与他人的继续交往。

哈佛沟通学家告诉人们，有效的沟通应当采用有效的方式，沟通中语气、语意都要运用得恰到好处。说话语气强硬，言辞尖锐，会让人难以接受，心生反感；而缺少底气，模棱两可，吞吞吐吐，则会让人不知所云，不愿再听。不偏不激，不愠不火，方正平和，恰到好处，才是社交处世中应有的说话沟通之道。

第六章 消除异议,让所有人都听你的——沟通说服力

沟通就像是一场心理和头脑的较量!只要你的意见与别人不一致,不管对方是你的家人、朋友、同事,还是你的部下、上司、客户,或者你说服对方,或者对方说服你。如何才能在这场说服的战争中取得胜利?

哈佛沟通课指出,要想赢得沟通、说服他人,就要把话先说到位。说话时循循善诱,旁敲侧击,对对方晓之以理,动之以情,既照顾到对方的身份和心理,顾全面子,又能让对方快速理解自己的意图,有效地打消其逆反心理,通过自己有条理、层次分明的语言,令对方心服口服。

耐心法则：说服他人要循序渐进

如果你的观点是对的，一时说不服人家，你很可能会犯过分心急的毛病。当然，如果人家听了你的话，立刻点头叫好，改弦易辙，并称赞你"一言惊醒梦中人"。这自然是最妙不过的。实际上，这种情况并不多见，别人的看法、想法、做法，不是一天形成的，要对方改变看法也绝非一日之功。那么，如何才能改变他人看法，让对方接受你的观点呢？哈佛沟通学家指出，要想成功地说服对方，第一要耐心，第二要耐心，第三还是要耐心。

当你不能说服对方的时候，甚至被人抢白一顿后，不要生对方的气，更不能生自己的气。"算了，管这闲事干什么？"这种想法是不应该有的。你要有长期做说服工作的准备。对于"成见"这座山，今天挖一个角，明天铲一块土。逐步解释一些细节和要点，日积月累，"成见"就会渐渐消除了。

说服他人，要懂得循序渐进。

⊙ **了解对方的想法**

想要让对方同意你的意见，先要设法去了解对方的想法与凭据来源。

曾经有一位很优秀的管理者这么说："假如客户很会说话，那么我已有希望成功地说服对方，因对方已讲了七成话，而我们只要说三成话就够了！"

事实上，很多人为了要说服对方，就精神十足地拼命说，说完了七成，只留下三成让客户"反驳"。这样如何能顺利圆满地说服对方？所以，应尽量将原来说话的立场改变成听话的角色，去了解对方的想法、意见，以及其想法的来源或凭据，这才是最重要的。

第六章　消除异议，让所有人都听你的——沟通说服力

⊙ 接受对方的想法

如果感觉到对方仍对他原来的想法保持不舍的态度，其原因是尚有可取之处，所以他反对你的新提议，此时最好的办法，就是先接受他的想法，甚至先站在对方的立场发言。"我也觉得过去的做法还是有可取之处，确实令人难以舍弃。"先接受对方的立场，说出对方想讲的话。为什么要这样做呢？因为当一个人的想法遭到别人一无是处的否决时，极可能为了维持尊严或咽不下这口气，反而变得更倔强地坚持己见，排斥反对者的新建议。若是说服别人的结果是这样，成功的希望就不大了。

曾经有一个实例，某家庭电器公司的推销员挨家挨户推销洗衣机，当他到一户人家里，看见这户人家的太太正在用洗衣机洗衣服，就忙说："哎呀！这台洗衣机太旧了，用旧洗衣机是很费时间的，太太，该换新的啦……"

结果，不等这位推销员说完，这位太太马上产生反感，驳斥道："你在说什么啊！这台洗衣机很耐用的，到现在都没有故障，新的也不见得好到哪儿去，我才不换新的呢！"

过了几天，又有一名推销员来拜访。他说："这是令人怀念的旧洗衣机，因为很耐用，所以对太太有很大的帮助。"

这位推销员先站在太太的立场上说出她心里想说的话，使得这位太太非常高兴，于是她说："是啊！这倒是真的！我家这部洗衣机确实已经用了很久，是太旧了点，我倒想换台新的洗衣机！"

于是推销员马上拿出洗衣机的宣传小册子，提供给她做参考。这种推销说服技巧，确实大有帮助，因为这位太太已被动摇而产生购买新洗衣机的决心。至于推销员是否能说服成功，无疑是可以肯定的，只不过是时间长短的问题了。

善于观察与利用对方的微妙心理，是帮助自己提出意见并说服别人的要素。

被说服者之所以感到忧虑，主要是怕"同意"之后，会不会发生意想不到的后果；如果你能洞悉他们的心理症结，并加以防备，他们还有不答应的理由吗？

至于令对方感到不安或忧虑的一些问题，要事先想好解决之道，以及说明的方法，一旦对方提出问题时，可以马上说明。如果你的准备不够充分，讲话可能模棱两可，反而会令人感到不安。所以，你应事先预想一个引起对方可能考虑的问题，此外，还应准备充分的资料，给客户提供方便，这是相当重要的。

⊙ 让对方充分了解你说服的内容

有时，虽然有满腹的计划，但在向对方说明时，对方无法完全了解其内容，他可能马上加以否定。另外还有一种情形是，对方不知我们说什么，却已先采取拒绝的态度，摆出一副不会被说服的模样；或者眼光短浅，不听我们说者也大有人在。如果遇到以上几种情形，一定要耐心地一项项按顺序加以说明。务求对方了解我们的真心实意，这是说服此种人要先解决的问题。

如果不能完全了解我们说服的内容者，千万不可意气用事，必须把自己新建议中的重要性及其优点，一下打入他的心中，让他确实明白。举一个例子加以说明，假如你前去说服别人，第一次不被接受时，千万不可意气用事地说：

"讲也是白讲！"

"讲也讲不通!浪费唇舌。"

一次说不通就打退堂鼓，这样是永远没有办法使说服成功的。

第六章 消除异议，让所有人都听你的——沟通说服力

攻心法则：说服是场攻心战

一场成功的沟通并不完全取决于说话的方式和技巧，还要看你能否洞察和掌握对方的心理。哈佛沟通课指出，要想说服他人，首先要洞察他人的内心想法。只有知道对方心中想什么，才能对症下药，采取有针对性的说服策略，把话说到对方心坎，轻松说服对方。

⊙ **规劝他人要从消除对方心理障碍入手**

中国战国时代的策士都是驾驭言语的高手。《战国策》里记载了如下一则故事。靖郭君是齐国的贵族，原来很受齐王重用，在国内很有权势。后来他与齐王发生了矛盾，担心有朝一日会与齐王闹翻，于是，打算在自己的封邑四周筑起城墙，以防止齐王的进攻。这一举措显然太不明智了，以一个家族的力量与强大的齐王相抗衡，无异于以卵击石。筑起高高的城墙，不但挡不住齐王，反而会使双方的关系进一步恶化，自招灭亡。因此，众门客纷纷劝阻，无奈靖郭君十分固执，不但不听，而且命令守门人不得为说客通报。

正当众人束手无策焦头烂额之时，一个齐国人自告奋勇，上门求见。他向靖郭君保证，见面时只说三个字，多一字愿受烹刑。由于他许诺的条件十分奇特，靖郭君总算同意了他求见的要求。进门之后，他十分严肃地凝视着靖郭君，看了很长时间，然后，慢慢吐出三个字："海、大、鱼。"说完转身就走。

靖郭君听后大惑不解，忙叫住他追问，那人却不肯多说。直到靖郭君声明前面的约定作废时，他才作了进一步的解释。他对靖郭君说："先生没看见海中的大鱼吗？何其逍遥自在！鱼网捕不住它，鱼钩钓不到它。然而，一

旦离开大海，在沙滩上搁了浅，就连小小的蝼蚁也能群起而攻之，把它当作口中之食。如今齐国就是您的大海，若有齐王的宠信，您何须筑城？倘若失去了齐王的支持，即使把城墙筑得再高，又于事何补？"靖郭君听了不由得连连称是，就此放弃了筑城的计划。

这位说客所讲述的道理，其实也算不得十分深奥，前几位进行规劝的人，想必也都考虑过了。为什么他们规劝时，靖郭君听不进去。这位客人一说，靖郭君就听进去了呢？关键在于规劝技巧。

从交际心理学的角度看，"规劝"这一行为方式本身带有某种暗示。即对方犯了错误，提出规劝的人真理在握，特来帮助对方，为对方指点迷津，这一暗示与听话人的自尊心相抵触，很容易引起听话人的反感。就靖郭君而言，这种抵触心理表现得尤为强烈——不仅拒谏，而且闭门谢客。

因此，不难想象，众门客之所以劳而无功，有很大一部分原因，可能就在于他们不懂得分析听话人的心理。心理障碍不消除，再有说服力的言辞也不得其门而入。

这位齐人的游说工作，正是从消除心理障碍入手的。首先，他用"海大鱼"三个字增添了一些神秘色彩，激起了靖郭君的好奇心。按常理说，会话时，话语应该围绕特定的话题展开。"海大鱼"三字，从字面上看，和当时双方共同关心的话题——筑城无丝毫联系。这样一句莫名其妙的话，不能不使靖郭君心痒难搔，好奇之心大起，好奇心一起，则主客之势互易。本来是靖郭君摆开了架势，严阵以待，准备拒谏，现在却是放下架子，好言安抚，虚心求谏。

⊙ 说服攻心要讲究策略

要克服靖郭君的心理障碍，光引起他的好奇心是远远不够的。如果没有其他策略相配合，仍然不可能说服他。这位齐国人所采用的第二个重要步骤便是迂回出击。虽然靖郭君有了求谏的表示，他却并不急于谈论筑城的故事，因为"筑城"是一个敏感的话题，过早触及这个话题是危险的，很可能会唤醒靖郭君的戒备心理，使他重新回到原先那种封闭状态中去。所以，这位老练的说客开始时仍然若即若离地大谈"海"和"大鱼"的故事。直到他

第六章 消除异议,让所有人都听你的——沟通说服力

把"大鱼"对"海"的依存关系充分论述清楚,并清晰地描绘出了大鱼"荡而失水"为蝼蚁所食的血淋淋的残酷景象之后,才画龙点睛地道出这则寓言的真意所在。

这对靖郭君来说,无疑是醍醐灌顶,当头棒喝,不由得他不幡然醒悟,马上放弃筑城的计划。

情理法则：晓之以理，动之以情

劝说是人际影响的一种形式，它表现为劝说者通过谈话让劝说对象理解并接受自己的观点。我们在和别人交往，尤其是和陌生人交往时，会有某些要达到的目的。而这些目的或多或少都需要对方接受自己，相信自己。因此，劝说的艺术是交往中不可缺少的。而劝说艺术的重要一条就是晓之以理、动之以情。

⊙ 以情理服人是有效的说服手段

顺利地接近被劝说者，使其产生愿意听从劝说的感情，是成功改变他人态度的基础。人是理智的动物，却常常做出缺乏理智的行为。从某种意义上说，人的行为是受外界的思想或建议影响的。比如在日常生活中，人们会不假思索地就把某种品牌列为最佳品牌，这就是因为受到了外界因素的影响。这就告诉我们要说服他人，就要动之以情，晓之以理。

有的说话带有明显的目的性，如说服、劝解、抚慰、交心、解释等。为了达到这样的目的，最有效的手段就是以情理服人，做到入情入理，这样的交谈才会有效。

⊙ 以情说理要找准对方情感的"突破口"

精诚所至，金石为开。在人际交往中，人们彼此的情感是相互作用与影响的，只有情相通，心相近，所说话才能在对方的心灵上产生共鸣，发挥作用。因此要向对方说理，必须先了解对方的心理与情感需求，站在对方的角度考虑，思想感情上接近、沟通，产生"自己人"效应，说理才能奏效。

当然，以情说理，重要的是找准对方情感上的"突破口"。就是说要抓

第六章 消除异议，让所有人都听你的——沟通说服力

住对方心理与情感上最易打动之处，将"情理"和对方的个性、处境、心思等因素紧密相连，申明利害，满足其最高情感价值需求，使之心动。而且在说理过程中，还要善于适应对方情绪思路的变化，因势利导。如顺着对象具有的种种疑虑，层层排除；顺着其合理的见解，适时赞许；根据其两难的处境谋划协助之；根据他憎恶的地方献策对付之。这种揣摩情意的说理方法通常能够取得很好的效果。

将以情服人与以理服人结合起来，做到春风化雨，润物无声。晓之以理，动之以情，才能在与人交流的时候达到目的。这是哈佛沟通课告诉人们的一条重要说服技巧和沟通艺术。

好言相劝法则：忠言不逆耳，曲径可通幽

忠告对于帮助他人和建立真诚的人际关系，起着难以替代的重要作用。反过来讲，不能给予他人忠告的人不是真诚的人，这种人不会将自己的真实感受告诉对方。也就是说，不关心别人的人不会给予他人忠告，不被关心的人也同样得不到忠告。因此，我们应该欢迎忠告，更应该给人以忠告。

尽管如此，为什么一般人都讨厌忠告，忠告为何听起来总不顺耳呢？

究其原因，就在于一般人容易受感情支配，即使内心有理性的认识，仍易受反感情绪的影响而难以听进理性的忠言。仅有为别人着想的良好愿望还不行，忠告也需要技巧，否则就会收到反效果。如果我们注意忠告的三个要素，你的忠告就会被人接受，忠言也就顺耳起来了。

⊙ 提忠告要谨慎开口

说到底，忠告是为了对方，为对方好是根本出发点。因此，要让对方明白你的一番好意，就必须谨慎行事，不可疏忽大意，随便草率。

⊙ 提忠告要言语谦和

向对方提忠告时态度一定要谦和诚恳，用语不能激烈，也不必过于委婉，否则对方就会产生受教训的反感情绪。

⊙ 提忠告要选择恰当时机

原则上讲，提出忠告时，最好以一对一，避开耳目，千万不要当着他人的面向对方提出忠告。因为这样做，对方就会受自尊心驱使而产生抵触情绪。

再次，不要比较。就是不要以事与事、人与人比较的方式提出忠告。因为此时的比较，往往是拿别人的长比对方的短，这样很容易伤害对方的自尊心。

第六章 消除异议，让所有人都听你的——沟通说服力

"明话暗说"法则：真话有时变个说法

坦诚是一种美德。但是很多时候，我们正是由于坦诚而吃尽了苦头。尽管在这个世界上我们需要说真话，但如果这种真话你说得不恰当，还不如不说的好。那么，这样一来就是说我们不能说真话了吗？哈佛沟通课指出，其实许多情况下，只要我们把话变个说法，就会有奇迹发生。

⊙ **不加掩饰地说真话效果容易适得其反**

我们周围有许多这样的人，他们以无拘无束、鲁莽直率地畅所欲言为荣。他们认为，这是一种诚实的表现，是个性的象征。

在他们看来，那些迂回曲折的表达方式和人际交往中常用的外交辞令，都是软弱和虚伪的。他们所信奉的是"有什么就说什么"，以待人坦诚为美德。然而，这样的人永远都不可能取得太大的成功。尽管人们相信他们是诚实的，但是，由于缺乏把良言包上糖衣的意识，不善于审时度势，他们常常把事情搞得一团糟。他们不知道如何有效地影响和驾驭他人——他们在人群中总是那么格格不入，总是处于极其尴尬的境地。他们每次出现在人们面前，总是触到人们的痛处，惹得人们火冒三丈。这样的人怎么有可能成功呢？

⊙ **真话变个说法更容易为人接受**

尽管每个人都认为坦诚是一种美德，但我们更加喜欢受到细致入微、温柔体贴的对待，都希望和机智的人打交道。鲁莽是人们不喜欢也不欣赏的一种品质。那些以毫无顾忌地直来直去说话为荣的人，通常很难与人沟通，所以他们既不会有太多的朋友，也不会在事业上达到理想的高度。很多时候，他们所谓的直言不讳往往会对他人造成伤害。因此，许多时候即使是真话还

是变个说法为妙。

德皇威廉二世派人将一艘军舰的设计图交给一个著名的造船专家,请他评估一下。他在所附的信件上告诉专家,这是他花了许多年,耗费了许多精力才研究出来的成果,希望能仔细鉴定一下。

不久,威廉二世接到了专家所作的报告。这份报告附有一叠以数字推论出来的详细分析,上面写道:"陛下,非常高兴能见到一幅精美绝伦的军舰设计图,能为它作评估是在下莫大的荣幸。可以看得出来这艘军舰威武壮观、性能超强,可说是全世界绝无仅有的海上雄狮。它的速度前所未有;而武器配备可说是举世无敌,配有世上射程最远的大炮,最高的桅杆;至于舰内的各种设施,将使全舰的官兵如同住进豪华旅馆一样舒适。这艘举世无双的超级军舰只有一个缺点,那就是如果一下水,马上就会像只铅铸的鸭子般沉入水底。"威廉二世看到了这个报告后,心领神会地笑了。

第六章 消除异议,让所有人都听你的——沟通说服力

直话婉说法则:把难听的话说得动听

在与人交谈沟通中,难免要说一些与对方不一致的话,提一些反对性的意见。而通常人们又难以接受反对性的意见,怎样做才能让对方接受你的反对性意见呢?哈佛沟通学家指出,可采取从侧面出发、迂回性提出反对性意见的措施。迂回地表达反对性意见,可避免直接的冲撞,减少摩擦,使人更愿意考虑你的观点,而不被情绪所左右。

⊙ **直言相劝容易激怒对方**

我们每个人都有自己的观点和看法,它支撑着我们的自信,是我们思考的结果。无论是谁,遭到别人直言不讳的反对,特别是受到激烈言辞的迎头痛击时,都会产生敌意,导致不快、反感、厌恶乃至愤怒和仇恨。这时,我们会感到气窜两肋,肝火上升,全身处于一种高度紧张状态,时刻准备作出反击。其实,这种生理反应正是心理反应的外化,是人类最本能的自我保护机制的反映。

对有些人来说,由于历事颇多,久经世故,能够临危不乱,沉得住气,不会立即作出过激的反应。而且,有的人还是有一定心胸的,不会褊狭地受情绪左右,意气用事。但是,心中的不快却是不能自控的,而且由于面子问题,往往会出现愤怒情绪。

⊙ **以迂为直,向对方提劝告**

过于直接的话语,会使人自尊心受损,大失脸面。因为这种方式使得问题与问题、人与人针锋相对起来,除了正视彼此以外,已没有任何的回旋余地,而且,这种方式是最容易形成心理上的不安全感和对立情绪的。你的反

对性意见犹如兵临城下，直指对方的观点或方案，怎么会使对方不感到难堪呢？特别是在众人面前，对方面对这种已形成挑战之势的意见，别无选择，只有把你打败，才能维护自己的尊严与权威，而问题的合理性与否，早就被抛至九霄云外了，谁还有时间去追究、探索其中的道理呢？

　　古人主张以迂为直，事实上，间接的方法很容易使你摆脱其中的各种利害关系，淡化矛盾或转移焦点，从而减少对方对你的敌意。在心绪正常的情况下，理智占了上风，他自然会认真地考虑你的意见，不会将你的意见一棒子打死。因此，有时通过间接的途径表达自己的意见反而更容易被人接受。

　　每个人都会犯错误，也都有自尊心，有些问题不必采用直接指责的方法，而用间接的方法来指出问题，效果反而会更好。

第六章 消除异议,让所有人都听你的——沟通说服力

隐藏动机法则:隐藏动机,掌控沟通主导权

劝说他人不能直言不讳,这是因为一方面过直的话语容易刺伤对方,另一方面会过早暴露你的说话动机,让对方抓住把柄,给自己带来被动,从而造成说服流产。

⊙ **隐藏劝说动机,激发对方好奇心**

古希腊有个神话,说宙斯给潘多拉一个盒子,盒子里面装着这个世界所有的罪恶和苦难。宙斯告诉她绝对不能打开。潘多拉很好奇,越是不让打开,她就越想打开盒子,看看里面到底装了什么。结果她打开了盒子,放出了世界上所有的罪恶。

这种心理在现实生活中确实存在,越是禁止的东西,人们越感兴趣,越难得到的东西,也就越显得珍贵。为什么会有这种现象呢?心理学家认为,人类有一种探究的本能,遇事都想知道个究竟,以揭示其奥秘。就是这个本能激发了人们的好奇心,驱使人们去解开事物的真相。

利用这个道理,我们要劝说别人的时候,为了增强信息的影响力,就需要把劝说动机巧妙地"隐藏"起来,让被劝说者感到"意外"地获得了劝说的信息,可有效地增加信息的可信度。

⊙ **采用合适的方式巧妙表达你的劝说动机**

在改变人们的态度时,也可以根据逆反心理的特点,把某种劝说信息以不宜泄漏的方式表达给被劝说者,或者以不愿让人们多得的方式出现,就可能引起人们对这一信息的重视,使他们毫不怀疑地接受它。

有时候耳语也能起到这样的效果,喃喃细语是富有情趣的。你看恋人只

有在很甜蜜的时候才会肩并肩地窃窃私语，吵架的时候绝不会如此。劝说他人也是如此。

中国有个成语叫做"促膝长谈"，意思就是靠在一起说知心话。坐在一起面对面和风细雨地谈，比站着喊更能让人感到亲切。如果你说话的声音由于情感的融合而逐渐变小，那么心理的交流也就会逐渐顺畅，两个人的心沟通了，劝说自然也就容易起来。

第六章 消除异议，让所有人都听你的——沟通说服力

旁敲侧击法则：牵着他的鼻子走

人，由于他们在社会活动中所处的地位不同，家庭环境、社会经历、文化程度、心理需要、个人品质、性格脾气、兴趣爱好也各不相同，于是就形成了人的不同层次。

同一类型的事情发生在不同的个体身上，就会产生不同的思想观念。哈佛沟通课指出，当一个人心中存在一种不正确的，但又不是错误的观念，而打算向错误的方向发展的时候，我们要改变他的思考方式使之向正确的方向发展并不是一件容易的事。

我们要劝说别人改变他错误的观点，可以采取正面说、反面说、侧面说的方法，这里各举一两个事例加以证明。

⊙ 正面说

这是一个用正面言辞夸大对方的错误意愿，在对方彻底认识自己的错误后，而不得不改正的说服方法。《史记·滑稽列传》记载：楚庄王最心爱的枣红马病死了，庄王打算用大夫的丧礼来安葬它。群臣认为这种做法不妥。庄王下令说："谁来劝谏我不要葬马的，就处以死罪！"优孟得知此事后，上殿仰面大笑，庄王惊问其故。优孟没有直接说庄王葬马这件事欠妥之处，而是说以大夫之礼安葬枣红马显得寒酸，应以国君的葬礼来安葬。庄王更加糊涂了，要优孟解释清楚。优孟说："应以雕玉为棺，文梓为椁，调动大批士卒修坟，征用大批百姓负土。送葬时，让齐国、赵国的使节列于前，让韩国、魏国的使节翼随于后；再给它造起祠庙，祀以太牢之礼，奉以万户之邑。这样一来，诸侯各国就知道大王您把人看得轻贱，而把马看得很尊贵

了。"庄王一听，突然醒悟过来，深责自己险些铸成大错，遂打消了用大夫礼葬马的念头，改以六畜之礼葬之。

⊙ 反面说

这是从事物的反面入手揭示出对方的错误的说服方法。秦宣太后爱魏丑夫，太后病危将死之时，下令说："埋葬我的时候，一定要魏子殉葬。"

魏丑夫听后十分害怕。庸芮可怜魏丑夫，为他向太后求情。他问太后："您认为死了的人还有知觉吗？"太后说："没有知觉了。"他又说："像太后这样圣明聪慧的人，明明知道死者是没有知觉的，为什么白白地将自己生前所热爱的人用来为没有知觉的死人陪葬呢？如果死者真有知觉，那先王一定已经长期积怒在心了，太后连补救过失的时间都不够，哪里还有时间去私爱魏丑夫呢？"

太后听了连连称好，而魏丑夫也免于一死。这就是违背对方的本意，用道理直击其错误，使他想违抗又不能违抗，想发怒又不能发怒，最后只得低下头来，跟着你的意思走。

⊙ 侧面说

这是从别人思想的侧面指出他的错误的说服方法，是一种隐匿的说法。

优旃是秦朝皇宫里的歌舞艺人，个子非常矮小。他擅长说笑话，然而都能合乎大道理。秦始皇曾经计划扩大射猎的区域，东到函谷关，西到雍县和陈仓。优旃说："好。多养些禽兽在里面，敌人从东面来侵犯，让麋鹿用角去抵触他们就足以应付了。"秦始皇听了这话，就打消了扩大猎场的念头。

正面说、反面说、侧面说作为有效的说服方法在具体运用时，只要采取慎重的态度，就可以不用花多大的力气而达到目的。这三种方法中，正面说和侧面说都是避免和对方发生正面冲突，而在维护对方自尊心的前提下建立起来的。富兰克林为了维护他人的自尊心，不仅不直接指出对方的错误，而且不用自信的口气、坚决的语气说话。他总结说："我立了一条规矩，绝不准自己太武断。我甚至不准自己在文字或语言上有太肯定的意见。比如当然、无疑等，而改用我想、我假设、我想象一件事该这样或那样。当别人陈

第六章　消除异议，让所有人都听你的——沟通说服力

述一件事而我不以为然时，我绝不立刻驳斥他或立即指正他的错误。我会在回答的时候，表示在某些条件和情况下，他的意见没有错，但在目前这件事上，看来好像有不同等等。我很快就领会到我这种改变态度的收获：凡是我参与的谈话，气氛都变得融洽多了。"

能做到富兰克林说的这些，你便能牵着别人的鼻子走，而他不会感觉到他的鼻子被你牵拽着，如此也就达到了预想的目的。

登门槛法则：先提小要求，再提大要求

哈佛沟通学家认为，说服别人不能急于求成，要先提小要求再提大要求。说服对方接受一个较小的要求后，再说服他接受一个更大的要求就有了较大的可能性。

⊙ **像登门槛一样，一步一步地说服对方**

逐步接近目标的说服方法，心理学上称之为"登门槛术"。正像你想进一间房子，又怕遭到主人的拒绝，就先说服主人让你的脚踏上门槛，然后再说服他让你的脚踏进门槛内，达到了这个目的，再说服他让你进屋就不难了。这实际上是个"得寸进尺"的策略。在现实生活中运用这种技巧是有效的。父母要求爱睡懒觉的孩子早起床，先让他每天早起半个小时就很容易做到，待他养成习惯以后，要求他再提前半个小时。而如果一下子让他提早一个小时就比较困难。这实际上是一种循序渐进的劝说方法。

⊙ **先提大要求，再提小要求**

有时候相反的技巧也会起到作用，就是首先提出一个大的要求，接着再提出一个较小的要求。这与直接提出较小的要求相比，接受的可能性会增加。这种方法对于小商贩来说常使用。我们都有这样的经验，卖主先是漫天要价，再讨价还价，当他降低价格的时候，人们以为他退却了，便接受了这个价格。实际上他仍然按照自己的意图进行了交易，却让双方都满意。

"登门槛术"和其相反的技术起作用的条件是不同的。当一个较大的要求过后，立即跟着一个较小的要求出现，并且与较大要求有明显的联系时，相反的技术更能实现其效果。而当两个要求毫无联系的时候，"登门槛术"就会起到作用。

第七章 怎么听比怎么说更重要——沟通倾听术

有些人说起话来喜欢滔滔不绝,不给人插话或回应的机会,时间长了就会使人生厌。好的表述者未必是个好的沟通者,而沟通是表达的主要目的,所以要尽量避免单向的沟通。

有一句格言说:"聪明的人,借助经验说话;而更聪明的人,根据经验不说话。"西方还有一句著名的话:"雄辩是银,倾听是金。"这些都给了我们这样的建议:在交谈沟通中,尽可能少说而多听。既要说到位,还要听到位,会说更要会听。倾听课是哈佛沟通课中的重要组成部分。

重倾听：倾听是无言的赞美和恭维

社交中的说话沟通，同站在教室中教课或是站在演讲台上演说有很大不同，教课和演说，只有你一个人在说话，别人不能插嘴。而社交中的说话，彼此在对等的地位，如果在这种谈话中，你一直滔滔如高山瀑布，永不停止地倾泻着，那对方就没有说话的机会，完全是你说人听了。这样你肯定不会受人欢迎，甚至会被别人耻笑。

⊙ 倾听是一种社交美德

世界著名记者麦开逊说："不肯留神去听别人说话，是不受人欢迎的第一表现。"每一个人都有自己的发表欲，如几个人聚在一起讲述故事，甲一个一个地讲了好几个了，乙和丙谁不都是嘴痒痒的，也想来讲述一两个。可是，甲只管滔滔不绝地一个一个地讲下去，使乙和丙想讲而没有机会讲。我们试想一下，乙和丙的心里一定不好受。因为他们自己没有说话的机会，专门听某甲的讲话，自然会没有精神听下去，只好站起来不欢而散了。一个商店的售货员，拼命地称赞他的货物怎样好，而不给顾客说话的机会，就不能做成这位顾客的生意。因为顾客对你巧舌如簧、天花乱坠的说话，顶多只把你看作一个生意经，绝不会因此购买。反过来，你只有给顾客有说话的余地，使他对货物有询问或批评的机会，双方形成讨论和商谈才有机会做成你的生意。美国钢铁大王卡内基说："倾听是我们对任何人的一种至高的恭维。"英国心理学家杰克·伍德说："很少人能拒绝接受专心注意、倾听所包含的赞美。"与人交谈，应注意倾听别人的讲话，"倾听"是一种"无言的赞美和恭维"。

第七章 怎么听比怎么说更重要——沟通倾听术

⊙ 耐心听别人谈他自己

有一首诗说:"九牛一毛莫自夸,骄傲自满必翻车。历览古今多少事,成由谦逊败由奢。"这话是针对那些缺乏自知之明,盲目自满的人所说的,但对于我们正确地对待生活,塑造自己良好的交际形象和性格品质,也有着十分现实的意义。人的学业无止境,无论潜心自学还是向人求学,没有谦虚的态度就不会有长进。人生道路曲曲折折,要在复杂的人际关系里游刃自如,健康发展,没有虚心、诚恳的态度同样是不行的。"成由谦逊败由奢",有谦逊的态度,才会有自知之明,知道自己的不足,就有了努力的方向。

推而广之,在人家说话的时候,自己若有不同意之处,应待别人说完,切不可插进去或阻止人家,阻止人家其实是最大的错误。因为当人家还有许多话没有说完,人家绝不会来接受你的意见,也根本不注意听你的。所以我们应鼓励别人把意见表达出来,耐心地倾听别人讲话。

用耳听：说话要带着两只耳朵

如果有人问，21世纪高素质的人才应该具备什么样的才能，很多人都会答："口才。"换个角度讲，这个世纪同样需要听才。可以说会说话首先要会听话，要想提高口才，必须要提高听才。要积极主动，持之以恒地形成听人说话的良好习惯，相信你一定可以获得更多的收获。

聆听越多，你就会变得越聪明，就会被更多的人喜爱，就会成为更好的谈话伙伴。一个好听众总能比一个擅讲者赢得更多的好感。当然，成为一名好的听众，并非一件容易的事，哈佛沟通课总结以下几点建议供你参考。

⊙ 倾听要注视对方

首先，要注视说话人。对方如果值得你聆听，便应值得你注视。要靠近说话者，专心致志地听，让人感觉到你不愿漏掉任何一个字。

⊙ 倾听中要做到"忘我"

你始终要明白你是个"倾听者"，不要使用诸如"我""我的"等字眼。你这么说了，就意味着你不得不放弃聆听的机会，注意力已经从谈话者那里转移到了你这里，至少，你要开始"交谈"了。

⊙ 倾听中要适时学会提问

你要学会提问，使说话者知道你在认真地听。可以说，提问是一种较高形式的奉承。我们都经历过这样的场面吧：上大学的时候，如果教授在上面做完演讲，听众没有一个问题，场面是何等尴尬。

在一项关于友情的调查中，调查的结果让调查者都感到十分意外。调查结果显示，拥有最多朋友的是那些善于倾听的听众，而不是能言善辩、引人

第七章 怎么听比怎么说更重要——沟通倾听术

注目的演说家。其实，这也没有什么不可思议的。我们每个人其实都渴望表达自己。聪明的聆听者能够让说话者有充分的表达机会，自然就更容易获得别人的好感。

倾听也许是最简单有效的赢得信任的手段了，所以要学会做个聪明的听众。

沟通中交谈固然十分重要，但有时候，做一个聆听者更能够给你带来意外的收获。

用心听：拥有倾听者的良好素质

哈佛人在听别人说话的过程中，往往能够体现出许多良好的素质。

对于倾听者来说，需要具备哪些良好的素养呢？哈佛人给我们做出了极好的榜样。

⊙ 拥有倾听的良好素质

他有一颗精细的心，能够体察别人的感情；他富于同情，能乐人之乐、忧人之忧；他有深厚的涵养，能体谅别人的难处，宽恕别人的错误，容忍别人的缺点；他有良好的耐性，能够长时间地听取别人零乱、不成熟，甚至是语无伦次、前后矛盾的意见。他还具有发掘和吸收别人观点的热忱和能力，当别人因有顾虑而欲言又止的时候，他能诚恳而友善地鼓励他们讲下去；而别人偶尔说出有趣的话，他就发出会心的微笑；当别人讲出一些不错的道理时，他就连连点头；当别人试图说出一些难以表达的思想时，他就凝神细听，并且不时地就没有听清楚的问题向别人请教；当别人的讲话告一段落时，他就把别人所讲的内容整理得条理清楚，并加以吸收。

由于有以上的良好素质，高明的谈话者往往能深刻、细致地了解各式各样的人。他的语言，往往可以非常有效地打动人的心坎。这样，无论什么人见到他，都愿意把他当作知心朋友，愿意向他吐露自己的心事，把自己藏在心中的剧烈的痛苦、烦恼都向他倾吐出来，希望得到他的同情、安慰和帮助。

⊙ 拥有谦虚倾听的美德

此外，一个高明的倾听者还必须谦虚谨慎。无论别人怎样敬仰他、佩服他，他都应该态度谦恭，虚怀若谷。一个狂妄自大、目中无人的人，是没有

第七章　怎么听比怎么说更重要——沟通倾听术

多少人愿意与他交谈的；同样，一个心胸狭窄得只容得下他自己的人，也是不受欢迎的。

乔·吉拉德是首屈一指的汽车推销员，然而，他也有过一次难忘的失败经历。

有一次，有位顾客来找乔商谈购车事宜。他向顾客推荐一种新型车，进展非常顺利，就在成交的节骨眼上了，对方却突然决定不买了。

那天晚上，乔辗转反侧，百思不得其解。他忍不住给对方拨通了电话："您好先生，今天眼看您就要签字了，为什么却突然走了呢？"

"先生，你知道现在几点钟了吗？"

"真抱歉，我知道是晚上11点钟了，但我检讨了一整天，实在想不出自己到底错在哪里。"

"很好，你现在用心听我说话了吗？"电话那头说。

"非常用心。"他答道。

"可是，今天下午你并没有用心听我说话。就在签字之前，我提到我的儿子即将进入大学，我还跟你说到他的学习成绩和理想，可你根本没有听！"

对方继续说道："当时你在专心听另一名推销员说笑话，可能你认为我说的这些与你无关，但是我可不愿意从一个不尊重我的人手里买东西。"

乔从此知道了，用心倾听对于任何人来说都是非常重要的。

礼貌听：不要随便打断别人说话

每个人都会有情不自禁地想表达自己想法的愿望，但如果不去了解别人的感受，不分场合与时机，就去打断别人说话或抢接别人的话头，这样会扰乱别人的思路，引起对方的不快，有时甚至会产生误会。

⊙ **打断别人说话是无礼的行为**

在社交场上，你时常可以看到你的一个朋友和另外一个不认识的人聊得起劲，此时，你可能就会有加入进去的想法。

因为你不知道他们的话题是什么，而你突然加入，可能会令他们觉得不自然，也许因此话题接不下去了。更糟的是，也许他们正在进行着一项重大的谈判，却由于你的加入使他们无法再集中思想而无意中失去了这笔交易；或许他们正在热烈讨论，苦苦思索解决一个难题，正当这个关键时刻，也许由于你的插话，会导致对他们有利的解决办法告吹，到后来场面气氛就会转为尴尬而无法收拾。此时，大家一定会觉得你没有礼貌，进而都厌恶你，导致社交失败。

假设一个人正讲得兴致勃勃时，你突然插嘴："喂，这是你在昨天看到的事吧？"说话的那个人因为你打断他说话，绝对不会对你有好感，很可能其他人也不会对你有好感。

许多不懂礼貌的人总是在别人谈着某件事的时候，在说到高兴处时，冷不丁地半路杀进来，让人猝不及防。这种人不会预先告诉你，说他要插话了。他插话时会不管你说的是什么，而将话题转移到自己感兴趣的方面去，有时又把你的结论代为说出，以此得意洋洋地炫耀自己的口才。无论是哪种

第七章 怎么听比怎么说更重要——沟通倾听术

情况，都会让说话的人顿生厌恶之感，因为随便打断别人说话的人根本就不知道如何尊重别人。

培根曾说：打断别人，乱插嘴的人，甚至比发言者更令人讨厌。随便打断别人说话或中途插话，是有失礼貌的行为，但有些人却存在着这样的陋习，结果往往在不经意之间就破坏了自己的人际关系。

⊙ **打断别人说话易引起抵触情绪**

他人的自我意识好像一个卫兵，站在他的潜意识的入口，如果你唤起了他的自我意识或把它激发过重，他绝不会接受你的意见。因此，想说服对方，先不要打断他，让他陈述他的意见和理由，即使你无法同意和接纳，也不要打断对方，尤其是提出正面反对意见时，更应先听对方的意见。等听完后再开始说"你说得很有道理，但是……"等反对理由。

心理学家提出一个概念——心理定势：若一个人心里有事，他就会启动其心理定势准备讲话，直到他把事情全部说完，他的心理定势才会转而听你的意见。所以，假如你想让自己的意见被对方听进去，首先必须学会听对方讲话。这么一来，对方就会有一种你很注意听他说话的感觉，认为你尊重他的意见，进而产生想和你说话的心理。

另外，社会心理学家通过对人际关系的研究，一致提出，人际相处的一个最根本的信条就是"不批评对方"，并且，要完全倾听对方的谈话，这样，才能使对方开怀畅谈。心理咨询时，心理医生通常都尽量让对方说完自己想说的话，而避免在中途打岔。否则，对方倾诉的欲求得不到满足，彼此也就无法建立较亲密的交谈关系，甚至会造成双方敌对的情绪。另外，一项客户与推销员问题信赖程度的调查也显示：那些在商品售出之后会受到客户非分要求的推销员，大部分都喜欢说话，并且经常打断客户的话。因此，我们可以推知，要启开对方心扉，建立起亲密的关系，关键就在于说话的方式与内容。这样，大家就能明白有作为的推销员多半较木讷的道理了。

⊙ **打断别人说话会让你丧失机遇**

有一个老板正与几个客户谈生意，谈得差不多的时候，老板的一位朋友来了。这位朋友插进来说："哇，我刚才在大街上看了一个大热闹……"接着就说开了。老板示意他不要说，而他却说得津津有味。客户见谈生意的话题被打乱，就对老板说："你先跟你的朋友谈吧，我们改天再来。"客户说完就走了。

老板的这位朋友乱插话，搅了老板的一笔大生意，让老板很是恼火。

不少人为了使别人赞同自己的意见，就唠唠叨叨地说个不停，使别人根本没有说话的余地。尤其是有的推销员最易犯这个毛病，一味地对顾客夸耀自己的货物如何好，使顾客没有插嘴的余地，其实这是最错误的做法。顾客有购买的念头，才挑剔货物，他批评这些货物，不必与之争辩，选定之后，他自然会购买。若是你和他争辩，就如同指责顾客没有眼光，不识好歹。顾客受此侮辱，肯定到别家去了，岂不白白损失了一笔生意？

⊙ 根除随便打断别人说话的陋习

在人家说话的时候，若你有不同意见，应待别人说完，切不可插嘴或阻止人家，阻止人家其实是最大的错误。因为当人家还有许多话没有说完，人家绝不会接受你的意见，也根本不注意听你的。

要获得好人缘，要想让别人喜欢你，接纳你，就必须根除随便打断别人说话的陋习，在别人说话时千万不要插嘴，并做到以下几点：

不要用不相关的话题打断别人说话；

不要用无意义的评论打断别人说话；

不要抢着替别人说话；

不要急于帮助别人讲完事情；

不要为争论鸡毛蒜皮的事情而打断别人的话题。

第七章 怎么听比怎么说更重要——沟通倾听术

耐心听：做一个耐心的倾听者

现代社会中，我们希望人人都能勇于开口，大胆说话。但凡事都有个分寸，如果我们不会把握这个分寸，那就只能适得其反，弄巧成拙。倾听也是如此。如何才是有效的倾听？哈佛沟通课为我们总结了以下诸方面的倾听要领。

⊙ **耐心地听别人说话是处世一大准则**

生活中有许多是非之争是因为谈话多了；话说得愈多，出毛病的机会也就愈多。教人少说废话多做实事，这是古今中外哲人学者的共识。它饱含着深刻的辩证法则。真正有学问的人大智若愚，不太乱说话，相反那些腹中空空、没有几点文墨的人却喜欢大吹大擂。所以，我们应记住一条原则：在任何地方和场合，最好能少说话。若是到了非说不可时，那你所说的内容、意义，所选用的词句，所伴随的姿势以及说话的声音，都不可不加以注意。在什么场合该说什么话，用什么方式说，都值得注意。无论是在探讨学问、接洽生意、实际应酬或娱乐消遣中，凡从我们口里说出的话，一定要有中心，要能具体、生动，要十分精彩。

在类似座谈会的场合中，大家都是踊跃发言，而不注意听清楚别人的意思。所以，经常产生误会，各想各的，都站在自己的立场，擅自解释别人的意见，表面上看起来，大家讨论得十分热烈，事实上非常散乱。因此，真正有见识的人，会在脑中把众人的论点分析、整理出来，而当座谈会进行到中段以后，才提出他归纳后的要点，让大家有个一致的方向。然后，再说出自己的意见，使整个讨论的方向更为明确，这种人才是最会表达的人。

为保证说的每一句话为人所重视，不惹人讨厌，唯一的资本是少说话，静静地思考，耐心地听别人说话。

⊙ **耐心倾听要把握的6个规则**

做一个耐心的倾听者要注意以下6个规则。

规则一：对讲话的人表示称赞。这样做会造成良好的交往气氛。对方听到你的称赞越多，他就越能准确表达自己的思想。相反，如果你在听话中表现出消极态度，就会引起对方的警惕，对你产生不信任感。

规则二：全身注意倾听。你可以这样做：面向说话者，同他保持目光的亲密接触，同时配合标准的姿势和手势。无论你是坐着还是站着，与对方要保持在对于双方都最适宜的距离上。我们亲身的经历是，只愿意与认真倾听、举止活泼的人交往，而不愿意与推一下转一下的石磨打交道。

规则三：以相应的行动回答对方的问题。对方和你交谈的目的，是想得到某种可感觉到的信息，或者迫使你做某件事情，或者使你改变观点，等等。这时，你采取适当的行动就是对对方最好的回答方式。

规则四：别逃避交谈的责任。作为一个听话者，不管在什么情况下，如果你不明白对方说的话是什么意思，你就应该用各种方法使他知道这一点。

比如，你可以向他提出问题，或者积极地表达出你听到了什么，或者让对方纠正你听错之处。如果你什么都不说，谁又能知道你是否听懂了？

规则五：对对方表示理解。这包括理解对方的语言和情感。有个工作人员这样说："谢天谢地，我终于把这些信件处理完了！"这就比他简单地说一句"我把这些信件处理完了"充满情感。

规则六：要观察对方的表情。交谈很多时候是通过非语言方式进行的，那么，就不仅要听对方的语言，而且要注意对方的表情，比如看对方如何同你保持目光接触、说话的语气及音调和语速等，同时还要注意对方站着或坐着时与你的距离，从中发现对方的言外之意。

⊙ **耐心倾听中要避免和改进的地方**

在倾听对方说话的同时，还有几个方面需要努力避免：

第一，别提太多的问题。问题提得太多，容易造成对方思维混乱，谈话精力难以集中。

第二,别走神。有的人听别人说话时,会做出与谈话无关的表情,对方的话其实一句也没有听进去,这样做不利于交往。

第三,别匆忙下结论。不少人喜欢对谈话的主题作出判断和评价,表示赞许和反对。这些判断和评价,容易让对方陷入防御地位,造成交际的障碍。

再列举6点令人满意的听话态度:

(1)适时反问。

(2)及时点头。

(3)提出不清楚之处并加以确认。

(4)能听出说话者对自己的期望。

(5)辅助说话的人或加以补充说明。

(6)有耐心并想深入了解说话的内容。

静静听：沉默是沟通的一种境界

哈佛沟通学家很注重沉默在沟通中的作用，在他们看来，沟通心灵的时候需要沉默。沟通不是随便打断对方的话，要在静默无声的心灵交流中学会倾听。在倾听中汲取智慧，弥补纰漏，建立信任，产生满足。

⊙ **沉默架起沟通的桥梁**

松鼠和鬣狗都是老狐狸的同伴，但松鼠经常在老狐狸面前说鬣狗的坏话，而鬣狗很少说过松鼠的不好。不管它们说什么，老狐狸从没有向任何人提到过这些琐碎的闲话。因此，它们三个至今相处得很好——可见，沉默得当可架起友谊的桥梁。

人类文明发展几千年，向来对"沉默"这一语言形态所能发挥的力量和意义有诸多赞誉。

哲学家说：沉默是一种成熟。思想家说：沉默是一种美德。教育家说：沉默一种智慧。艺术家说：沉默是一种魅力。科学家说：沉默是一种发明。

研究谈话节奏的学者们认识到，有张有弛的谈话在人际交往中至为重要。《谈话的艺术》的作者、心理教授格瑞德罗解释说："沉默可以调节说话和听讲的节奏。沉默在谈话中的作用就相当于零在数学中的作用。尽管是'零'，却很关键。没有沉默，一切交流都无法进行。"

实践证明，在人际交往当中，沉默不是不说话或不想说话、不屑说话，而是一种难得的心理素质和可贵的处世之道。

沉默是一种境界，需要各方面因素的配合，才会发挥其金子般的作用。

具备优势的时候需要沉默。太阳不语自是一种光辉；高山不语，自是

第七章 怎么听比怎么说更重要——沟通倾听术

一种巍峨；蓝天不语，自是一种高远……人也一样。取得成绩的时候需要沉默。面对成绩和掌声，成功者报以深深的鞠躬。这是无声的语言，是恰到好处的沉默。

⊙ 沉默是交谈中一种有效的策略

沉默不仅可以增强语言的效果，还可以作为交谈中一种有效的策略。

比如，你提出一个诚恳的建议，而对方却给了你一个不完全的回答。这时，你应该等下去。用耐心的沉默让对手感到不自在，非得用回答问题来打破僵局不可。

要注意的是，你提出问题沉默后，不要继续提出其他问题或发表评论，以防止对手抓出话柄，这样，沉默才有可能奏效。

用沉默来对付饶舌的对手，要注意礼貌问题。如果对方在兴致勃勃地讲述，你却表现得极不耐烦，或无动于衷，那都是不礼貌的。但如果你随声附和一两句时，对方会误认为是对他的赞同，他述说起来就会更起劲。

如果担心你的动作有不礼貌之嫌，你可以眼睛故意不看对方，而看身旁的某处。从道理上讲，听别人说话时应当看对方眼睛才算有礼貌。但游离的目光会影响沟通效果，减弱对方讲话的兴致。

总而言之，如果说不沉默需要说话的艺术，那么沉默则更需要说话的艺术。所以，我们应慎重地对待沉默。

听+说：倾听中的插话技巧

我们说与人交谈不能随便打断他人谈话，不是说只是被动地倾听他人说话，这样沟通就没有生气，出现僵局，不能再进行下去。在倾听中适时插入一两句话，不仅有助于打破交谈的冷场局面，还有助于增进双方的沟通，使双方达到心灵的默契。

一个倾听高手在倾听过程中如何插话，才有助于达到最佳的倾听效果呢？根据不同对象可采取不同的方法。

⊙ 插入安慰的话

当对方在同你谈某事，因担心你可能对此不感兴趣，显露出犹豫、为难的神情时，你可以趁机说一两句安慰的话。

"你能谈谈那件事吗？我不是十分了解。"

"请你继续说。"

"我对此也是十分感兴趣的。"

此时你说的话是为了表明一个意思：我很愿意听你的叙说，不论你说得怎样，说的是什么。这样可以消除对方的犹豫，坚定他倾诉的信心。

⊙ 插入疏导情绪的话

当对方由于心烦、愤怒等原因，在叙述中不能控制自己的感情时，你可用一两句话来疏导。

"你一定感到很气愤。"

"你似乎有些心烦。"

"你心里很难受吗？"

第七章 怎么听比怎么说更重要——沟通倾听术

说这些话后,对方可能会发泄一番,或哭或骂都不足为奇。因为,这些话的目的就是把对方心中郁结的一股异常情感"诱导"出来,当对方发泄一番后,会感到轻松、解脱,从而能够从容地完成对问题的叙述。

值得注意的是,说这些话时不要陷入盲目安慰的误区。不应对他人的话作出判断、评价,说一些诸如"你是对的""他不是这样的"的话。你的责任不过是顺应对方的情绪,为他架设一条"输导管",而不应该"火上浇油",强化他的抑郁情绪。

⊙ **插入总结性的话**

当对方在叙述时急切地想让你理解他的谈话内容时,你可以用一两句话来"综述"对方话中的含意:

"你是说……"

"你的意见是……"

"你想说的是这个意思吧……"

这样的综述既能及时地验证你对对方谈话内容的理解程度,加深对其的印象,又能让对方感到你的诚意,并能帮助你随时纠正理解中的偏差。

以上三种倾听中的插话方法,有一个共同的特点,即不对对方的谈话内容发表判断、评论,不对对方的情感作出是与否的表示,而始终处于一种中性的态度上。

切记,有时在非语言传递的信息中你可以流露出你的立场,但在语言中切不可流露,这是最重要的。如果你试图超越这个界限,就有陷入倾听误区的危险,从而使一场谈话失去方向和意义。

第八章 化负能量为正能量——沟通批评课

在我们的沟通中，往往会发现别人身上的缺点和过错，所谓"当局者迷，旁观者清"。自己的反思再深刻，也可能不如"旁观者"看得透彻。所以，当我们发现别人的过失时，应该及时予以指正和批评，这是很有必要的。

但任何人都是有尊严的，如果你批评时摆出一副严肃的面孔，用指责和强硬的口气说话，就会造成紧张的气氛，使对方产生逆反心理。哈佛沟通课指出，正确的做法是批评时态度要诚恳，语气要委婉，要站在对方的立场上，以关怀、爱护、诚心诚意的态度与之沟通，让对方心悦诚服地接受你的批评。

批评讲方式：怎样批评别人才愿意听

一位哲人说过："我们只有用放大镜来看自己的错误，而用相反的方法去对待别人的错误，才能对自己和别人的错误有一个比较公正的评价。"

在领导的工作中，批评也是一种必要的强化手段。它与表扬是相辅相成的。作为领导者，应该尽量减少批评所产生的副作用，减少人们对批评的抵触情绪，以达到较理想的批评效果。在批评别人的时候，首先应该对自己与别人都有一个正确的认识。

要想到自己应承担的责任，想到自己的不足。同时，以理解的态度去看待对方的过失，考虑一下自己在同等条件下是否也会出现过失，不要以一贯正确的口吻去批评别人。尤其是自己也确有或大或小的失误时，自我批评更应该诚恳。

在批评下属的时候，如果我们换一种方式，私下与其交换意见，委婉地表达自己的想法，并与他摆事实，讲道理，分析利弊，他就会心悦诚服，真正接受你的批评和帮助。

可见，批评的方法是关键，方法不同，效果当然也不同。批评成功的条件，基本概括起来有3条：一是心要诚；二是要有彻底、中肯的分析；三是运用恰当的批评方式。

下面是四条颇有艺术性的批评方式，对领导者具有较强的启示作用。

⊙ 启发式

如何批评才有效？哈佛沟通课总结了以下几条。要使对方从根本、从内心认识到自己的错误，需要批评者从深处挖掘错误的原因，晓之以理，动之以情，循循善诱，帮助他认识、改正错误。

某公司员工杰克要结婚了。经理问他："杰克，你们的婚礼准备怎么办呢？"杰克不好意思地说："依我意见，简单点，可是岳母说，她就只有这个独生女……"经理说："哦，咱们单位的约翰、彼得都是独生女！"

这段话双方都用了隐语。杰克的意思是婚礼不得不办，而经理的意思是：别人也是独生女，但能新事新办。

⊙ 幽默式

幽默式批评就是在批评过程中，使用富有哲理的故事、双关语、形象的比喻等，以此缓解批评时紧张的情绪，启发批评者的思考，从而增进相互间的感情交流，使批评不但达到教育对方的目的，同时也创造出轻松愉快的气氛。

伏尔泰曾有一位仆人，有些懒惰。一天伏尔泰请他把鞋子拿过来。鞋子拿来了，但布满了泥污。于是伏尔泰问道："你早晨怎么不把它擦干净呢？""用不着，先生。路上尽是泥污，2小时以后，您的鞋子又要和现在的一样脏了。"

伏尔泰没有讲话，微笑着走出门去。仆人赶忙追上说："先生慢走！钥匙呢？食橱上的钥匙，我还要吃午饭呢。""我的朋友，还吃什么午饭。反正2小时以后你又将和现在一样饿了。"

伏尔泰巧用幽默的话语，批评了仆人的懒惰。如果他厉声呵斥他、命令他，就不会有这么好的效果了。

⊙ 警告式

如果对方犯的不是原则性的错误，或者不是正在犯错误的现场，我们就没有必要"真枪实弹"地对其进行批评。可以用温和的话语，只点明问题。或者是用某些事物对比、影射，做到点到为止，起到一个警告的作用。

⊙ 委婉式

委婉式批评也称间接批评。一般采用借彼比此的方法，声东击西，让被批评者有一个思考的余地。其特点是含蓄蕴藉，不伤被批评者的自尊心。

有一次宴会上，一位肥胖出奇的夫人坐在身材瘦削的萧伯纳旁边，带着娇媚的笑容问大作家："亲爱的大作家，你知道防止肥胖有什么办法吗？"

萧伯纳郑重地对她说:"有一个办法我是知道的,但是我怎么想也无法把这个词翻译给你听,因为'干活'这个词对你来说是外国话呀!"

萧伯纳这种含蓄委婉、柔中带刚的批评方式,针对性极强。

哈佛沟通课强调,批评的方法应以教育为主,用事实教育人,用道理开导人,用后果提醒人,从而使对方诚心诚意地接受批评。

第八章 化负能量为正能量——沟通批评课

批评分轻重：批评切忌恶语伤人、不分轻重

每个人都有自尊心，因此批评时一定要平等相待，绝不能以审判者自居，更不能幸灾乐祸，甚至恶语中伤。否则训斥不仅是对被批评者自尊心的损伤，甚至是人格的侮辱，并不能真正地解决问题。

⊙ 批评切忌恶语伤人

无论任何团体，当员工犯下不可原谅的错误时，作为领导无可避免地要对其加以斥责。

但是每个人都有自尊心，批评应是在平等的基础上进行的，态度上的严厉不等于言语上的恶毒，只有无能的领导才去揭人疮疤。因为这种做法除了让人勾起一些不愉快的回忆之外，于事无补；而且除了使被批评者寒心之外，旁观的人也一定不会舒服。

因疮疤人人都有，只是大小不同。见到同事的惨状，只要不是幸灾乐祸的人，都会有"兔死狐悲，物伤其类"的感觉。更何况，批评的目的是搞清问题，而不是搞臭下级。

而且恰当的批评语言，还牵涉到一个领导的心胸和修养问题，绝不能以审判官自居，恶语相向，不分轻重。

⊙ 打一巴掌不忘揉三揉

值得注意的是，作为领导者，在严厉地批评了下级之后，一定不要忘记立即补上一句安慰或鼓励的话语，"打一巴掌不忘揉三揉"。因为，任何人在遭受领导的斥责之后，必然垂头丧气，对自己丧失信心，如此造成的结果必然使下属自暴自弃。

然而此时领导适时利用一两句温馨的话语来鼓励他，或在事后私下对其表示，正是因为看他有前途，才会严格要求。

如此，受批评的下属必会深深体会"爱之深，责之切"的道理，从而更加发愤图强。这样一来，下属不仅会牢记错误，还会提高工作的积极性和自觉性。

第八章　化负能量为正能量——沟通批评课

批评重事实：批评切忌捕风捉影、主观臆断

我们提倡"闻过则喜"，但并不是每个人都能愉快地接受别人的批评。为此，哈佛沟通课指出，上级批评下级，要使下级达到心悦诚服，没有以权压人，以势压人之感，很重要的一条就是要做到实事求是。

⊙ **批评要以事实为依据**

批评本来是改正错误、教育人的，因此它的前提必须是下级确实有错误存在。没有错误，硬去批评人家，便给下级留下"蓄意整人"的印象。领导者应该心胸豁达，实事求是，最忌神经过敏、疑神疑鬼、听信流言、无中生有。

在批评之前先考虑一下有几分事实根据，这是比批评的态度和方法更为基本的东西。如果事先调查不够，事实真相与得到的情况有差异，被批评者就难以接受；如果有人提供了假情况，打"小报告"，领导者以此为据，大加批评，那就更难以服人了。所以，上级批评下级，责任要分清，事实要准确，原因要查明。

从实际出发，弄清事情的本来面目，找出问题的原因，恰当地分清责任，这样的批评有理有据，既不夸大，又不失察，下级当然口服心服了。所以，上级批评和否定下级，必须以事实为依据，以政策为准绳，不能随心所欲，更不能以感情代替原则。

⊙ **批评要克服主观臆断**

做到实事求是，还必须克服主观行事的倾向。主观武断的领导者容易失去人心。对于任何事物人们都有自己的主观印象，但是作为领导，却不可主观武断。例如，领导在主观上不喜欢一些职员，如有的人脾气不好，与自己

性格不合或者在一些小问题上总有摩擦等。这时一旦工作出现了偏差，便倾向将责任推到他们身上，从而造成了恶性循环。领导越来越挑剔下属，而下属的表现也越来越差。避免自己的主观武断，必须从心理上消除许多障碍。

例如，你要认识到，身为一名领导，你可能会很敏感，或者你看问题有时会片面等，多找自己心中的"死结"，便会在对人和事的评价上多一分公正。对于领导，"没有调查就没有发言权"的论断很值得借鉴。

第八章 化负能量为正能量——沟通批评课

心平气和式批评：不吼不叫的批评艺术

哈佛沟通课指出，管理者在指责和批评下属的过错时，应当注重批评的方式，提高批评的质量。批评的质量与其数量之间，并不存在正比的关系，有效的批评往往能一针见血地指出问题的实质，使下属心悦诚服，而絮絮叨叨的指责却会增加下属的逆反心理，而且即使他能接受，也会因为你缺乏重点的语言而抓不住错误的症结。

⊙ "吼叫式"的批评让人难以接受

有些领导似乎就是喜欢"痛打落水狗"。下属越是认错，他咆哮得越厉害。这样的谈话进行后会是什么结果呢？一种可能是被批评者垂头丧气。另一种可能则是他忍无可忍，勃然大怒，重新"翻案"，大闹一场而去。

这时候，挨骂下属的心情基本上都是一样的，就是认为："我已经认了错，还要抓住不放，实在太过分了。"性格怯懦者会因此丧失信心，较刚强者则说不定会发起怒来。

⊙ "心平气和式"的批评最有效果

领导这么做是不明智的。有些领导认为下属并非真心认错。实际上不论认错态度真假，认错本身总不是坏事。

所以应该先肯定下来，然后再循此思路继续下去：错在何处？为什么会发生这样的错误？造成了什么恶劣后果？怎样弥补损失？如何防止再犯类似错误？只要这些问题，尤其是最后一个问题解决了，批评指责的目的也就达到了。

须知一千个犯错误的下属，就有一千条辩护的理由。下属能自我反省，承认错误，就不应太过苛求。总之，犯错是第一阶段，认错是第二阶段，改错是第三阶段。无论如何在下属认错之后，领导者只能努力帮助他迈向第三阶段，而不是其他。

激励式批评：激励比惩罚更有效

用激励代替批评，是史金纳教学的基本观点。这位伟大的心理学家以动物和人的实验来证明：当减少批评，多多激励对方时，人所做的好事会增加，而比较不好的事会因受忽视而逐渐萎缩。

⊙ 少一分指责，多一点赞扬

许多年以前，一个10岁的小男孩在工厂里做工。他一直喜欢唱歌，梦想当一名歌星。但他的第一位老师却不但没给他鼓励，反而使他泄气。他说："你不适宜唱歌，你根本五音不全，简直就像风在吹百叶窗一样。"

但他的母亲，一位穷苦的农妇却不以为然。她搂着自己的孩子，激励他说："孩子，你能唱歌，你一定能把歌唱好。瞧你现在已经有了很大进步。"她节省下每一分钱，给她的儿子用来上音乐课。这位母亲的嘉许，给了孩子无穷的力量，也从此改变了他的一生。他的名字叫恩瑞哥·卡罗素，那个时代最伟大、最知名的歌剧演唱家。

假若这个小男孩在童年没有母亲的激励与赞许，只有那位老师的无情打击，这个世界上也许就失去了一位著名的歌剧家。

生活中，少一分指责，多一点嘉许，不仅令事情做起来得心应手，也给予对方愉悦的心情，何乐而不为呢？

⊙ 多用"激励式"的批评

我们不应当怀着自己的私心或对事物不感兴趣，就对他人的行为采取贬低或批评的态度。没有爱迪生母亲对儿子孵鸡蛋行为的肯定与赞许，也许爱迪生就没有后来的辉煌成就。也许就是那一句微不足道的激励，给了那些需要动力的人无穷的力量，给那些身处逆境的人奋斗的信心。谁又能小视它呢？

第八章 化负能量为正能量——沟通批评课

在《孩子,我并不完美,这只是真实的我》这本书里,著名心理学家杰丝·雷耳评论道:"激励对温暖人类的灵魂而言,就像阳光一样,没有它,我们就无法成长开花。但是我们大多数的人,只是敏于躲避别人的冷言冷语,而我们自己吝于把激励的温暖阳光给予别人。"

身为领导的你,在看完上面这些话之后,就别吝啬你的那份阳光,让它普照周围的每一个人吧!

赞美式批评：为批评加点"糖"

批评总是一件令人难堪的事，指出别人的缺点，可能因与对方意思相违而伤害到对方，又可能因对方态度蛮横伤及自己。那么，如何批评才能让对方心悦诚服地接受呢？哈佛沟通课指出，批评需要用赞美的话语做中和剂，令对方反驳不是，发怒也不是，再加上批评得有理有据，可令其心悦诚服地接受。

⊙ "赞美式"批评要适度

"赞美式"批评虽然让听者容易接受，但也必须设定一个限度，否则你的忠告也许会适得其反。

当你要指出别人的缺点时，必须先认识到人类的脆弱及不完美，且保持着自我反省的心态和与对方一同背负过失的谦虚态度，让对方发觉自己的缺点和错误。

⊙ 批评他人前先送颗"糖衣炮弹"

为了免于引起对方的逆反心理，必须要事先准备些称赞的话，在批评他人之前，先将这服"灵丹妙药"给对方服下，然后再转入正题。当对方因你指出的缺点而感到难过和难以接受时，表扬就起了很大的中和作用。

某部门经理有一天一大早见到他的一位女秘书，便夸她："你昨天拟的那份报告很好，我很喜欢。"

那位女秘书听了受宠若惊。这位经理又不急不忙地接着说："今后打字的时候多加注意，不要有错别字。"

这位经理的方法值得效仿。就像一种很苦的药丸，外面裹上糖衣，先让

第八章 化负能量为正能量——沟通批评课

人感到甜味，容易一下子吞到肚里。于是药物进入肠胃，药性再发生作用。病人既不会感到药苦又把病治好了。如果经理直截了当地指出"以后注意错别字"，那位女秘书可能会觉得羞愧、难过，难以接受，或者还要争辩几句。这样，对秘书的规劝就失去了效果，还可能引起下属的不满，令双方不愉快。

哈佛沟通课指出，批评也要讲究方法。不顾时间、地点、对方心理，直截了当、劈头盖脸地一阵冷言恶语，达不到批评的目的，反而会适得其反。学会和风细雨地指出别人的错误和缺点，好处多多！

三明治式批评：赞扬—批评—赞扬

玫琳·凯在《谈人的管理》一书中写道：不要光批评而不赞美。这是我严格遵守的一个原则。不管你要批评的是什么，都必须找出对方的长处来赞美。批评前和批评后都要这么做。这就是我所谓的"三明治式"批评法——夹在两大赞美中的小批评。

在批评别人时，先找出对方的长处赞美一番，然后再提出批评，而且力图使谈话在友好的气氛中进行，最后再使用一些赞扬的词语。这种两头赞扬、中间批评的方式，很像三明治这种中间夹馅的食品，故以此为名。

⊙ "三明治式"的批评让对方难以拒绝

用"三明治式"的方式处理问题，对方可能不会太难为情，减少了因被激怒而引起的冲突。这种方法在很多情况下也是比较有效的。其优点就在于由批评者讲对方的长处，起到了替对方辩护的作用。

从心理学的角度来分析批评行为时，我们会发现，大多数人在听到批评时，总不像听到赞扬那样舒服。人在本能上对批评有一种抵触心理。人们喜欢为自己的行为辩解，尤其是一个人在工作中已付出很大努力时，对批评会更为敏感，也更喜欢为自己辩解。从心理学角度看，这也是认知不协调的一种表现。即在认识上，人们确信自己是不可能不犯错误的，而在行为上却试图为每一次过失辩解。解决这种认知不协调的方法，就是批评者替对方进行辩解或创造条件使对方觉得无法辩解。

⊙ "三明治式"的批评迎合对方的心理自尊

批评者首先赞扬对方，就是避免对方的误会，表明上级、同事对他所做工作的认可，使他知道批评是对具体事而不是对人的，自然也就放弃了用辩解来维护自尊心的做法。有些领导者不喜欢这种方式，认为先赞美再批评，是一种软弱的表现，领导者应该是强者的形象。在日益强调人的作用的今天，这种批评方法完全以领导者自居，以严厉维护威信，更不足取。

从"三明治策略"的表达形式看，"赞扬—批评—赞扬"，也是符合人的心理适应能力的。人们希望得到别人的赞赏，赞扬就应该在他的心里留下比较深的印象。两头赞扬就能起到这种作用。当批评者在诚恳而客观的赞扬之后再进行批评时，受批评者会因为赞扬首因效应的作用，而觉得批评不那么刺耳。但是，如果你需要比较透彻地分析他的错误时，赞扬的作用可能会被冲淡，批评又会产生比较强的近因效应，被批评者可能会产生一种被戏弄的感觉。注意观察一下就可以发现，所谓人缘好的领导者都比较喜欢"三明治"式的批评方法。当然，这是人们根据自己的经验自觉或不自觉地去做的，并非"进口"的技术。我们的政治思想工作和领导工作的传统，就是要求采取"同志式"的批评，要"治病救人"。

⊙ **"三段论"批评的妙用**

比较典型的"三明治"式，就是像以下说法一样标准的三段论。

×××，这份工作报告写得很好，思路很清楚，里面有几点写得比较精彩，看来你下了一番工夫。要说不足，我看是不是把这几处改一下。这种说法不太妥当，言辞过于尖锐会刺伤别人的积极性。好，就这样。好好干，文笔很好，希望再接再厉。

这样说，×××听后会觉得领导对自己充满期望，不足的地方点得很清楚，合情合理。他就会尽最大努力去改正不妥当的地方。

有时，人们也会把"三明治"变成"双色糕"，让赞扬与批评交错出现，其目的也是维持听者的心理平衡。如果批评是三言两语便可结束，只需"三明治"即可，如果要分析，谈话时间较长，就应在大"三段论"中套上小"三段论"，时时谈起别人的优点，这样效果会好得多。

安抚式批评：批评善后安抚的语言技巧

身为领导者，批评下属的过失是很正常的事情。我们在注意自己批评方式的同时，不要忘记批评之后还要及时地安慰下属。这是身为一名成功的领导者应该具备的素质。

⊙ 批评善后安抚要选择好时机

人与人之间，不论地位尊卑，人格是平等的。领导在批评下属时，不论批评得怎样高明，总是要伤人的，只是伤人有轻有重而已。因此，发火伤人后，需要及时做善后处理，即进行感情补偿。妥当的善后要选时机、看火候。过早，对方火气正盛，效果不佳；过晚，则对方郁积已久的感情不好解开。因而，宜选择对方略为消气、情绪开始回复的时候为佳。

⊙ 批评善后安抚要因人而异

正确的善后，要视不同对象采用不同的方法，有人性格大大咧咧，是个粗人，领导发火他也不会往心里去，故善后工作只需三言两语，象征性地表示就能解决问题；有的人心细明理，领导发火他也能谅解，则不需下大工夫去善后；而有的人死要面子，对领导向他发火会耿耿于怀，甚至刻骨铭心，则需要善后工作细致而诚恳，对这种人要好言安抚，并在以后寻机通过表扬等方式予以弥补；还有的人量小气盛，则不妨使善后拖延进行，以天长日久见人心的工夫去逐渐感化他。

⊙ 批评善后安抚要明暗相济

艺术地善后还应体现出明暗相济的特点。所谓"明"，是领导人亲自登门进行谈心、解释甚至"道歉"，对方有了面子，一般都会顺势和解。所谓

第八章 化负能量为正能量——沟通批评课

"暗",是指对器量小者发火过了头,单纯面谈也不易挽回时,便采用"拐弯抹角"或"借东风"法。

例如,在其他场合,故意对第三者讲他的好话,并适当说些自责之言,使这种善后语言间接传入他的耳中。这种背后好言很容易使他被打动、被感化。另外,也可以在他困难时暗中帮忙。这些非当面的表示,待他明白真相后,会对领导由衷感激。

因人批评：不同的人要有不同的批评方法

批评不能千篇一律，不同的人批评的方式也应当有所不同。哈佛沟通课强调，就对象而言，批评时应该着意考虑对方的职业、年龄、性格、水平等因素，这样才能产生应有的效果。

不同的职业有不同的批评要求，譬如说对安全性要求很高的行业，批评就应严厉一些，而对于一些要求员工自由发挥程度较高的职业，批评则应注重于启发引导。

不同年龄的人批评也应有所差别：年长者应用商讨的语气，对同龄人则可自由一些，毕竟彼此的共同点较多，而对年轻人则应多给予一些启发性的批评，促使其提高认识。比如对年长者称呼前加上谦辞，显得郑重有礼，对年少者用"小×"来称呼，增加亲近感，就能增强批评的效果。

就性格上的差别来说，瑞士心理学家卡尔·荣格曾将人格分为外倾型和内倾型两类。外倾型开朗活泼，善于交际；内倾型则孤僻恬静，处事谨慎。对他们，领导者就应采取不同的批评方法：对于前者，可以直率，对于后者，需要委婉；对于前者，谈话要干净利落，对于后者，措辞要注意斟酌。至于介乎两者之间的中间性格类型的人，可以随机应变，因人而异。

知识和阅历水平也是很重要的因素，对水平高的人需要讲清道理，必要时只需蜻蜓点水，他们便心领神会；对水平低的人必须讲清利害关系，他们看重的是结果如何，而不在意其中的奥秘究竟怎样；之乎者也、文绉绉的词句，只能使其如坠云里雾中，辨不出东南西北。

第八章 化负能量为正能量——沟通批评课

⊙ 批评孩子要点到为止

很多父母都不愿意当面称赞孩子，恐怕会宠坏他。如果我们不是衷心称赞孩子，只是胡乱称赞一番，那么就确实有宠坏的可能。很多家长常常说："疼孩子疼在心里，不要疼在嘴上。"这是怕造成孩子自满和骄傲的心理，以后他就不再求上进。而事实上合理的称赞对于孩子的成长是有利的。

称赞如土壤中的肥料、食物中的维生素，可以给孩子很大的鼓励，使他们雄心勃勃，百尺竿头更进一步。父母给孩子的赞扬比任何人的都重要，因为父母是孩子最亲切的人，所以一言一语都发生很大的作用。称赞比责骂有效，父母们不妨慷慨地称赞自己孩子。称赞还有另一个作用，就是告诉孩子这是达到了期望中的水准。

当然，为了纠正孩子的错误，指导孩子去做应该做的事情，有时批评孩子是必要的，只是要特别小心，在言语和态度上都要谨慎，千万不可用讽刺或嘲笑的言语，免得引起孩子的反感和难堪，使之产生自卫和反抗的心理。批评孩子的时候可以直接指出错误的地方，然后提出改正的方法，使孩子明白应该走的路和应该做的事。如果孩子付出了努力，尝试去改过，就算不能立即生效，做父母的也不必气馁，可以从旁鼓励，告诉孩子他的努力不会白费。

但是要注意选择适当的时候和地点。随着长大，孩子越发注重自己的思想和自尊。所以，在大庭广众或当着亲友面批评孩子实在会让孩子太难为情了，不论出发点是如何良善，所指出的地方如何合理，在这种情形下孩子也难以接受。

⊙ 批评朋友要点到为止

很多人都有这样一种观念，对朋友赞美就好了，批评会伤害了感情。而实际上，当你觉得朋友做事不恰当的时候，对他的批评，好朋友是不会见怪的。至少他知道你是善意的。当然，对于朋友的批评还是要掌握一些技巧，才能让人家愿意接受。这就要求我们在和朋友的相处中做一个善于批评的角色。

批评要与赞美相结合。适度的批评之后，对于其优点别忘了加上几句称赞的话，才不会损坏彼此的情谊。"以理服人"是对的，但道理有时并不容易被直接接受，甚至会让对方产生反感，尽管在反感时他内心并不一定认为道理错了。

善于批评者还要争取让对方心服口服，这就需要一定的技巧了。有时批评者往往认为自己是好心，但如果话中带有了威胁，效果就难以达到，甚至会给双方关系造成不良影响。如两个情侣发生了点摩擦，一方大叫"你这样谁还会愿意和你在一起"，对方马上回嘴"不在一起就不在一起，你有什么了不起"，好心的批评也会起到逆反作用。

善于批评者会让对方感到仿佛不是在批评自己，倒像自己劝说自己，就容易被对方接受。善于批评者语言中应避开"你应该""你必须"之类的词，多用讨论的口气，避免对方的反感，在任何"强攻"都难奏效时，还不如暂停。

批评的目的是让对方接受自己的意见。光是理由充足不行，还要掌握对方的心理特点，对不同性格的人应使用不同的方法，因人而异。

看到朋友有缺点不指正是不真诚，而批评别人不讲究方法就真会伤害感情了，只有讲究技巧地批评才称得上真正的好朋友。

⊙ **批评下属要点到为止**

上司对于下属的批评可能挫伤下属的自尊，但是若想保证工作质量，批评仍不可避免。有一种做法错误至极：问题初始时对他视若无睹，而待某日心血来潮才处处责难。这种首尾不一致的做法，很难令下属心悦诚服地改过。况且，此时也多半到了忍无可忍、不得不纠正的时候，说话时难免会像连珠炮似的啰嗦没完，似乎要将满腔郁积已久的数落之词一吐为快。

因此，只要下属做出不当之行，就该刻不容缓地对他言明"此事不当，实不该为"，这才是对他亲切的表示。另外，机巧地对他适时提出警告，也是可行的方法。

有许多上级主管，常是基于"顺便代劳"的心态，代替下属做他所应当完成之事。此种体恤下属的作风，原是无可厚非的，然而，长久如此，下属们不仅会失去原有的感戴之心，甚至会反过来支使你。他们常会如此说："你啊！你是否要到办公室去呀？麻烦你顺便将我把这份文件带去好吗？真谢谢你了！"他甚至还会说道："麻烦你要去总公司之前预先通知我一声，

第八章　化负能量为正能量——沟通批评课

我想麻烦你带一件东西过去，不然，让我自己跑一趟，就得多费一道程序了！"

当然，这种观点或许于公司业务推展上无大谬误，却往往会造成不良风气。有鉴于此，主管不可使下属有怠惰心态，应当用一些话语婉拒下属所托，否则，尔后必接二连三地发生这种事情，给工作造成影响。

⊙ **批评同事要点到为止**

当同事或上司犯错时，我们一般不会去干涉。为什么呢？因为你可能曾经这样做过，结果则是你做了努力却引火烧身。接受帮助者可能变得非常生气，也可能通过揭你的伤疤来回应你。于是你宁可维护这种缓和气氛的关系，再也不提这种引起对方不快的话题。

也许你仍然认为最常见的推动力就是批评，但从过去的经验中你可以知道，批评不是总能被很好地接受。于是你尽量去提一些"建设性的批评意见"，但是"建设性"与"破坏性"通常是没有明确分界点的，或者说我们很难把握得当。但如果你不愿意三缄其口，又不可能轻易放弃与你的同事、上司在一起工作，你就需要用不同的方法来实现你的目的。

第一，鼓励以提高他们士气，对别人的努力表示感谢或赞同。因为你的目标能影响同事对工作的看法，使他们更努力地工作。你希望能使他们对处理复杂的任务充满自信，使他们充满热情地去迎接每天的工作，使他们能获得成绩而感到高兴。这样他们就会更努力地工作，更愿意在这个团体中，也更想做好工作。

第二，帮助提高他们的技能，给他一些建议或指导，这些建议要关注于人的表现而不是评判这个人。在这里，你的目标是帮助你的同事表现得更有能力。你希望他们从实践中学到东西，以便以后干得更好。你不应强迫你的同事去做这些事情。他们应自主自己的行为，你的目标只是为他们出主意和建议，以让他们能够从中选择采纳。

如果直接的批评不妥当，那么不妨想一些婉转的办法，这样更容易达成目标。

第九章　对意见坚决拒绝，对人热情友好——沟通拒绝术

"不"字写起来很简单，寥寥四画而已，但当你面对他人时，轻松地将"不"脱口而出并非易事。因为当我们说"不"的时候，也就意味着拒绝——拒绝朋友的要求、请托……这绝对是一个令人伤神的问题。

简单生硬地说"不"，不叫拒绝，拒绝是要讲究技巧的：既要拒绝对方的不适当的要求，又不能伤害对方的自尊，同时又不能损害彼此的正常关系。如何才能做到这点呢？哈佛沟通课指出，拒绝他人需要掌握技巧和艺术，比如，对意见坚决拒绝，对人则热情友好，以肯定的形式表达否定的意见，等等。这样才能把"不"说得恰到好处，天衣无缝。

敢于说"不":别让不好意思毁了你

很多人在想要拒绝对方的时候,会产生一种"不好意思"的心理。这种心理阻碍了人们把拒绝的话说出口。由于这种矛盾的心情,态度上就不那么热心,说话吞吞吐吐,欲言又止欲藏又露。在这种心理的制约下,最终往往是依照对方的意图行事。即使拒绝了对方,其态度也容易使对方产生误解,认为你成心拿架子,不够朋友。因此,要想使自己在工作和社会交往中,不致惹出许多麻烦,首先要克服这种"不好意思"的心理障碍。

哈佛大学研究拒绝艺术的专家强调,要建立这样一种意识:"你有权利说'不',你不必因为对人拒绝了一件事而感到不好意思。"这样,你在拒绝时就会心情坦然、举止大方、态度明朗,避免被误解和猜疑。即使对方开始会对你的拒绝产生一点失望和遗憾,但由于你的态度表情向对方表明你是坦诚的,使对方受到感染,容易弱化对方心中的不快。如果你自己都觉得拒绝不应该,心里发虚,那么你的态度表情就会迟疑不决,对方也会觉得你拒绝的理由是不可信的。

在服装店,你在挑选一件衬衣,样式和做工都令人满意,但在价钱上你却觉得不够理想,但看到售货员的热情服务,使你不好意思不买它。售货员就是利用你的这种心理,越是看到你在犹豫,就服务得越热情越周到,帮你量好尺寸、试大小,甚至动手包装好,放进你的购物袋里,造成既成事实。

初次交女朋友,你也许会感到左右为难,因为她的长相实在让人爱不起来,但是,由于是你的上司介绍的,或者是上司的女儿,使你在拒绝上产生了犹豫,虽然每次会面都使你感到不舒服、不愉快,恨不得马上逃得远远

第九章 对意见坚决拒绝，对人热情友好——沟通拒绝术

的，但你一想到姑娘的身份，上司的威严，你就不得不仔细斟酌。姑娘却对你一见倾心，脉脉温情，你的上司也觉得好事可成。随着时间的推移，你一再丧失拒绝的机会，勉强从事，这样的婚姻是不会幸福的。

不知生活中有多少人因为不好意思说出那个"不"字，而买了不称心的衬衫，娶了自己不喜欢的姑娘，答应了自己办不到的事情，耽误了自己不应该耽误的约会。

在人际交往时，大家怎样对你，都取决于你自己。哈佛沟通学家指出，想要别人尊重你，那就得学习一些说"不"的表达方式。

⊙ 斩钉截铁地表示你的态度

即使在可能会有些无奈的场所，也需要态度明确地对某些服务员、售货员、陌生人说话，对蛮横无理的人要以牙还牙。你必须在一段时间内克服自己的胆怯和习惯，坚持一下，你就会发现，事情本该如此！你只要从此中获得一次成功，就一定会鼓起你的勇气。注意，这时你该大声点！当然"君子动口不动手"，你只不过为了维护自己的利益，跟他们没仇。

⊙ 不再说那些引诱别人来欺负你的话

"我是无所谓的""你们决定好了""我没有这个本事"，这类"谦恭"的推托之辞就像为其他人利用你的弱点开绿灯。当卖菜人让你看秤时，如果你告诉他你对这事一窍不通，那你就等于告诉他"多扣点秤"，这种事情随时随地都可以发生——如果你不介意的话！

⊙ 敢于说"不"

干脆地表明自己的否定态度，会使人立刻对你刮目相看。事实上，与那种遮遮掩掩、隐瞒自己真实感受和想法的态度相比，人们更尊重那种毫不含糊的回绝。同时，你也会从这种爽快的回答中，感到自信又回到了自己心中。欲言又止、支支吾吾的态度，只会给人造成"误解"。

⊙ 对盛气凌人者毫不退让

当碰到随意插嘴、强词夺理、爱吹毛求疵、令人厌烦、多管闲事的人使你难堪时，要勇敢地指明他们的行为之不合理处，并严肃地对他们说："你刚刚打断了我的话""你的歪理是根本行不通的""以你的逻辑推敲，地球

就不是圆的了",等等。这种策略非常有效。它告诉别人,你对不合情理的行为感到厌恶。你表现得越平静,对那些试探你的人越是直言不讳,你处于软弱可欺地位上的时间就越少。

⊙ **告诉人们,你有人身自由**

不要去听从那些并非命令的命令,休息之余你自己想做什么就做什么,出差办事也大可不必抱住别人的大件行李,而让他悠然自得地在前头漫步。违背自己意愿的事不要去做。自己想做的事,只要不违法违纪,尽管去做,不要怕别人的冷嘲热讽。

生活把你改造成为一个"软弱可欺"的人,但是经过你的努力,你一定能够变为强者。

第九章 对意见坚决拒绝，对人热情友好——沟通拒绝术

友好拒绝：拒绝，但不使人难堪

拒绝的话总是不容易入耳的，如果不注意说话方式，拒绝就会给他人造成伤害，甚至带来不必要的麻烦。拒绝不能随随便便、不负责任，应当注意方式，做到既能让人接受，又不使人难堪。这是哈佛沟通课所强调的一个重要拒绝准则。

⊙ **有礼貌地拒绝他人**

在日常的工作和生活中，很可能会遇到这样的情形：一个素行不良的熟人隔三差五地纠缠你，非要向你借钱不可，但你知道，如果借给他便是肉包子打狗一去不回头；你的顶头上司在增减人员上向你提出一些建议，但是这些建议又不符合公司现实情况。诸如此类的事你必定非常想说"不"，可是转头又会寻思说"不"之后，就会伤和气，引人恶感，被人误会，甚至种下仇恨的种子。

要避免上述情形发生，在说"不"时就不应采取一种公然对抗的态度。正确的做法是彬彬有礼地说"不"。这样做既能传达出说"不"的信号，又不会伤害对方的自尊，让其难堪，同时也不会损害彼此的正常关系。

一位青年作家想同某大学的一位教授交朋友，以期今后在文艺创作和理论研究方面携手共进。作家热情地说："今晚6点，我想请你在海天楼餐厅共进晚餐，我们好好聚一聚，你愿意吗？"事情真凑巧，这位教授正在忙于准备下星期学术报告会的讲稿，实在抽不出时间。于是，他热情地笑了笑，又带着歉意说："对你的邀请，我感到非常荣幸，可是我正忙于准备讲稿，实在无法脱身，十分抱歉！"他的拒绝是有礼貌而且愉快的，但又是那么

干脆。

◉ 对意见坚决拒绝，对人则热情友好

如果你想对别人的意见表示不同意，请注意把你对"意见"的态度和对人的态度区分开来，对意见要坚决拒绝，对人则要热情友好。

在德国某电子公司的一次会议上，公司经理拿出一个他设计的商标征求大家意见。

经理说："这个商标的主题是旭日。这个旭日很像日本的国旗，日本人民见了一定乐于购买我们的产品。"

营业部主任和广告部主任都极力恭维经理的构想，但年轻的销售部主任却温文尔雅地说："我不太赞同这个商标。"经理听了感到很吃惊，所有人都瞪大眼睛盯住他。

年轻的销售部主任没有同经理争论那个带红圈圈的设计是否雅观，而是说："我恐怕它太好了。"

经理感到纳闷，脸上却带着笑，说："你的话叫我难理解，解释来听听。"

"这个设计与日本国旗很相似，日本人喜欢，然而，我们另一个重要市场——中国的人民，也会想到这是日本国旗，他们就不会引起好感，就不会买我们的产品，这不同本公司要扩展对华贸易营业计划相抵触吗？这显然是顾此失彼了。"

"天哪！你的话高明极了！"经理叫了起来。

这个事例中的年轻主任用彬彬有礼的态度说了一句"我恐怕它太好了"，先抚平了经理的不悦，使其不失体面。后来他用更充分的理由，委婉地表达了一个信息：不赞成这么做，并指出反对经理意见的充分理由，如此一来，经理不仅没有感到下不了台，听后还心悦诚服，并对年轻主任产生了好感和由衷的赞赏。

◉ 以肯定的形式表达否定的意见

马基雅维利有这样一句名言："以我所见，一个老谋深算的人应该对任何人都不说威胁之词或辱骂之言。因为两者都不能削弱敌手的力量。威胁不

第九章 对意见坚决拒绝,对人热情友好——沟通拒绝术

会使他们更加谨慎,辱骂则会使他们更加恨你,并使他们更加耿耿于怀地设法伤害你。"

在沟通过程中,当你不同意对方观点的时候,最好不要直接用"不"这个具有强烈的对抗色彩的字眼,更不能威胁和辱骂对方,应尽量把否定性的陈述以肯定的形式表示出来。尤其是向有权威的人士表示反对或拒绝的时候,更应如此。

哈佛沟通课一再强调,"不"字是一个情绪强烈的负面词,无论是在对上司,还是在对朋友使用它时,一定要面带微笑,语气亲切,彬彬有礼,即使是对素不相识的推销人员,也应如此。倘若盛气凌人、态度傲慢不恭地拒绝对方,相信没有几个人能够坦然接受。拒绝他人说"不"时,一定要注意方式,以恰当的方式表达你的反对意见,使拒绝达到应有的效果。

善于拒绝：没有拒绝，只有不会拒绝的人

拒绝是难免的，遭到拒绝又是不愉快的。哈佛沟通课指出，诚恳的态度、得体的用语，可以把这种不快降到最低度，并得到对方的谅解和认可。

⊙ **诱导法**

甲向乙打听机密。

乙神秘地问："你能保密吗？"

甲说："能。"

乙接着说："你能，我也能。"

⊙ **推托法**

"前几天经理刚宣布过，不准任何顾客进仓库，我怎能带你去呢？"

"这个问题涉及好几个人，我个人决定不了。我把你的要求带上去，让人事部讨论一下，过几天答复你，好吗？"

"这件事我做不了主，我把你的要求向领导反映一下，好吗？"

⊙ **委婉法**

"这个设想不错，只是目前条件不成熟。"

"这倒是个好办法，但我的上司恐怕接受不了。"

"主意不错，可惜我那天正好出差在外。"

⊙ **隐晦法**

"小伙子，我真难以想象公司少了你怎么样，不过我从下星期一开始想试试看。"

"贵公司地理环境不太好，我看××公司可能更适合举办这次活动。"

第九章 对意见坚决拒绝，对人热情友好——沟通拒绝术

⊙ **虚实法**

问："×××能拿金牌吗？"

答："到时候就知道了。"

问："××认为贵公司不可能按时交货。"

答："他们有充分的言论自由，他想怎么说，就怎么说吧。"

拒绝六式：拒绝绝招，招招见效

怎样才能既拒绝又不得罪别人，不恶化相互关系呢？哈佛沟通学家通过实践及研究总结出以下7种既恰到好处，又不失礼节的拒绝妙招。

⊙ **幽默诙谐式**

著名导演希区柯克在执导一部影片时，有位女明星老是向他提出摄影角度问题，她左一次右一次地告诉希区柯克，一定要从她最好的一侧来拍摄。"很抱歉，我做不到！"希区柯克回答："我们拍不到你最好的一侧，因为你把它放在椅子上了。"他的话，引得在场的人都笑弯了腰。

招式妙诀：通常，幽默的语言可以调节气氛，并且能让对方在笑过之后得到深刻的启示，如果以幽默的方式来拒绝，气氛会马上松弛下来，彼此都感觉不到有压力。

⊙ **热情友好式**

一位青年作家想同某大学的一位教授交朋友，以期今后在文艺创作和理论研究方面携手共进。作家热情地说："今晚6点，我想请你在海天楼餐厅共进晚餐，我们好好聚一聚，你愿意吗？"事情真凑巧，这位教授正在忙于准备下星期学术报告会的讲稿，实在抽不出时间。于是，他亲热地笑了笑，又带着歉意说："对你的邀请，我感到非常荣幸，可是我正忙于准备讲稿，实在无法脱身，十分抱歉！"他的拒绝是有礼貌而且愉快的，但又是那么干脆。

招式妙诀：如果你想对别人的意见表示不同意，请注意把你对"意见"的态度和对人的态度区分开来，对意见要坚决拒绝，对人则要热情友好。

第九章 对意见坚决拒绝，对人热情友好——沟通拒绝术

⊙ 相互矛盾式

春秋时，鲁国相国公仪休喜欢吃鱼，因此全国各地很多人送鱼给他，但他都一一婉言谢绝了。他的学生劝他说："先生，你这么喜欢吃鱼，别人把鱼送上门来，为何不要了呢？"公仪休回答说："正因为我爱吃鱼，才不能随便收下别人所送的鱼。如果我经常收受别人送的鱼，就会背上徇私受贿之罪，说不定哪一天会免去我相国的职务，到那时，我这个喜欢吃鱼的人就不能常常有鱼吃了。现在我廉洁奉公，不接受别人的贿赂，鲁君就不会随随便便免掉我相国的职务，只要不免掉我的职务，就能常常有鱼吃了。"听了先生这番话，学生若有所悟地点了点头。

招式妙诀：当别人向你提出使你感到为难的要求时，你不妨先承认他的要求可以理解，你同时也希望满足他的要求，但接着说出不容置疑的客观原因，从而拒绝他的要求。

⊙ 相反建议式

有这样一则对话：

彼得："马克，经理让我把这些资料整理好，但我怕做不好，你能帮我完成吗？"

马克："我很愿意帮你的忙，不凑巧得很，我自己的那份工作还没干完。其实以你的能力和素质是完全可以做好那件事的。你不妨先干着，也许我能帮你干点别的什么。"

彼得："那好吧！谢谢你啊！"

招式妙诀：马克的这一番话说得非常妙，如此既有拒绝，又有相反的建议，建议他先干着，对方还有什么话好说呢？相反，如果马克本能地回答："你的事我可不在行"。这是很不好的拒绝方法，很容易伤了同事之间的和气。

⊙ 岔开话题式

林肯曾经有一次巧妙的拒绝：一个秃头的来访者对林肯纠缠不休，浪费了他不少时间。为了摆脱他的再次打扰和纠缠，林肯想出一个妙方。在那人第二次来访时，他故意打断对方的话，匆忙拿出一瓶生发药水送给对方：

"人们都说这种药水可以使脑袋长出头发来。现在你把它拿走吧,过几个月再来看我,告诉我效果如何。"那人有点尴尬,但看林肯诚心诚意的样子,只得拿起药水走了。林肯的这一招确实高明,不仅一下子把对方打发走了,还使对方不好意思在短期内再来打扰他。

招式妙诀:当别人向你提出某种要求时,他们往往通过迂回婉转的方式,绕个大弯子再说出原意,如果你在他谈到一半时就知道了他的意图,并清楚自己不能满足他的愿望时,你不妨把话题岔开,说些别的。让他知道这样做只会使你为难,他也就会知难而退了。

⊙ 反弹式

在《帕尔斯警长》这部电视剧中,帕尔斯警长的妻子出于对帕尔斯的前程和人身安全考虑,企图说服帕尔斯中止调查一位大人物虐杀自己妻子的案子。最后她说:"帕尔斯,请听我这个做妻子的一次吧。"他却回答说:"是的,这话很有道理,尤其是我的妻子这样劝我,我更应该慎重考虑。可是你不要忘记了这个坏蛋亲手杀死了他的妻子!"

招式妙诀:别人以什么样的理由向你提出要求,你就用什么样的理由进行拒绝,让对方无话可说。

⊙ 寻找出路式

例1:

甲:您就帮我把这件事办了吧!

乙:这件事我实在没有时间帮你去办了,你不妨去找××试试。

例2:

甲:这份资料,我能借用几天吗?

乙:对不起,这份资料我这几天还要用,不过图书馆里还有一份没有借出去,你赶快去还可以借到。

招式妙诀:当对方确有为难之事求助于你,你又无法承担或不想插手时,你可以用为对方另找其他出路的方法,来弱化可能产生的不愉快。对方有了其他"出路",就会对你的拒绝不在意了。

第九章　对意见坚决拒绝，对人热情友好——沟通拒绝术

含糊拒绝：把"不"说得含糊些

拒绝总是一件令人不愉快的事。哈佛沟通学家指出，在拒绝时，尽可能把"不"说得含糊一些，这样做既能让对方明白你的立场，也能充分保留对方的面子，避免对方心理上的挫折感。

⊙ 含糊拒绝一箭双雕

"含糊拒绝法"，就是当对方提出某些问题、要求时，不明确表态，即以不具体、不清晰、语言含糊不清的答复来间接表达拒绝的意思。这样的表达可以让对方听了不得要领，不能再提出新的要求。比如，甲画了一幅画，自觉不错，问乙觉得如何。乙一看，心里直嘀咕，一点也不漂亮，可是乙回答"还可以"。他虽然回答得很模糊，但如甲明智一点，就会明白乙的意旨所在。

在现实生活中，谁都不喜欢被否定，被拒绝，但有时候我们又必须去拒绝他人，这时，我们可以用含糊回避法。上述故事中的周宛云"真不容易"便无形中运用了此法。"真不容易"有很多种意思。可以理解为写得好不容易，也可以理解为你的水平能写出这种诗也就很不容易了，还可以说能把诗写得如此糟糕很不容易。

⊙ 避重就轻地拒绝他人

有时，在拒绝别人时，语言表达虽然明白清楚，但是答非所问，避重就轻，让对方不得要领，效果是一样的。

比如，有一位女士对林肯说过："总统先生，你必须给我一张授衔令，委任我儿子为上校。"林肯看了他一眼，女士继续说："我提出这一要求并

不是想求你开恩，而是我有这样做的权利。因为我祖父在列克星敦打过仗，我叔父是布斯堡战中唯一没有逃跑的士兵，我父亲在新奥尔良作过战，我丈夫战死在蒙特雷。"林肯认真地听着女士说的话："夫人，我想你一家为报效国家，做得已经够多了，现在是把这样的机会让给别人的时候了。"这位女士本意是恳求林肯看在家人功劳的份上，为其儿子授衔。林肯当然明白对方的意思，但他却以装糊涂的方法拒绝了。

又如，第二十四届奥运会在韩国汉城举行，当中国代表团到达汉城时，记者纷纷围上来，问中国代表团团长李梦华："中国能拿几块金牌？""中国能超过韩国吗？"李梦华答道："10月2日以后（奥运会结束之日），你们肯定能知道。"记者又接着问道："中国新华社曾预测能拿8~11枚金牌，你认为这是客观的吗？"李梦华回答道："中国有充分的言论自由，记者可以按他们的想法写。"

大凡国际赛事，自己队能拿多少奖牌，自己心里是有底的，有的甚至还落实承包到具体运动员。但是赛场上变幻莫测，决定能否夺魁的因素变数很大，无论对于谁来说，都没有十拿九稳的把握。能拿多少奖牌，关系到国家的荣誉，不能出尔反尔、视若儿戏，更不能授人以柄。因此，对记者提出的这样的问题，一般都要拒绝。但这又有别于正式严肃的外交场合，所以拒绝时不妨来点语言游戏，或避而不答，或避实就虚，轻松诙谐，又能达到自己想要的目的，何乐而不为呢？

⊙ 不着边际抽象化地拒绝他人

模糊拒绝法还有一种形式，即抽象式拒绝，把话题不断抽象化，可以逃开对方的要求。在很多时候，如果用具体的话来拒绝会遭到对方的反感，你大可将话题不断抽象化，谈论的问题看上去比正题还要重要。事实上，这时已把对方诱入距离正题非常遥远的烟云中去了。

比如，你的一位同事在帮他的表弟推销家具，如果你的同事向你推销时，你又不想要。这时不妨对他说："谢谢你的好意推荐，这样的家具确实比较便宜，只是我也弄不清楚究竟怎样的家具更适合现代家庭，据说有些人对家具的要求是比较复杂的。我的信息也太缺乏了。"听了这番话后，这位

第九章　对意见坚决拒绝，对人热情友好——沟通拒绝术

同事多半会带着莫名其妙或似懂非懂的表情离开，因为他已经从中嗅出了"不买"的气息，而想要继续说服你什么"更适合现代的家庭"，却是个非常笼统又模糊的概念，这样，即使同事想发动新一轮的"言词进攻"，也会由于找不到明确的目标而不得不放弃。这样，也就达到了拒绝他人的目的了。

又如，当你要拒绝他人的求婚时，由于对方的态度极其认真，因此你一本正经地说理，问题就始终得不到解决。而且，要正面说出"不想和你结婚"，通常会伤害到别人，让对方在心理上承受挫败感和失落感。倘若把"甲和乙的婚事"这种具体的要求，故意提高到抽象的"一般的结婚"问题上去，就另当别论了。

"被你求婚，我好开心。不过我认为不可太沉溺于感情。"

"不，我很冷静。"

"我不是这个意思。我想和你好好谈一谈，你我对结婚都有什么样的看法。"

"好的呀！"

"结婚到底是怎么一回事呢？"

你一旦把对方诱入到抽象的水准中，以后就可将此水准不断提高。"对男女的结合来说，一夫一妻制是不是理想的形态""究竟男人和女人是什么呢……"就这样，把话题越说越抽象，越扯越远，在不知不觉中，对方就被你给巧妙地拒绝了。

择机拒绝：说"不"时机是关键

根据专门研究推销的二见道夫氏的调查，推销员被顾客拒绝的理由，主要有以下几个方面：有明确的拒绝理由而拒绝的占18.7%；没有什么明确的理由，却拿身边鸡毛蒜皮的小事为理由拒绝的占16.9%；因忙而拒绝的占6.8%；记不得拒绝的理由，只记得说"不"时是一种反射性的拒绝的占47.2%；其他理由者占10.4%。通过这些统计资料，我们不难得出以下结论。

当一个人想要对对方说"不"的时候，并不一定得说出什么冠冕堂皇的理由，大都是反射性地说出"不"字的。是实际上想不出什么拒绝的理由所以不得不反射性地拒绝呢？还是虽然有理由却因嫌烦才这样，不得而知。不过，至少在数字上以反射性地拒绝的案例件数占多数，表明这种拒绝法的成功率还是很高的。

这项统计资料显示一个人要说"不"时，时机非常重要。即，由于说服的重要条件之一，不管要说服的是什么事，就是要抓住和对方交谈的开头，不给对方谈话的时间，"反射性地"说"不"，就成为阻挡对方入侵的有效武器了。由于是"反射性地"，所以不问"理由"如何。"不"，根本无需想什么"理由"。迅速第一，彻底利用身边的人或物。如果你是女的，首先可以利用老公，作为反射性地脱口而出的话，这是最容易办到的。"我老公不在，我不清楚"的说法，算是代表性的了。如果你是男的，当然变成"太太不在"啦。

"笨拙的思考等于白思考"——与其思考一阵之后才说一些不恰当的借口，倒不如把握时机，反射性地说"不"来打击对方，夺取对方说服的契

第九章　对意见坚决拒绝，对人热情友好——沟通拒绝术

机。有不少场合都是用这种方法获得成功的。高建强是保险公司的经理，他曾遇到这样的回绝法，对方是拿"天气"来做挡箭牌的。对方一见面就说"天气不好，所以心情不好，下次再说吧"——高建强闷闷不乐地说，当时受到的打击，久久难以忘怀。

哈佛沟通学家认为，正确的时间说出正确的话，可以发挥事半功倍的效果；但若在正确的时间说错话，或正确的话却在错误的时间说出来，都只能是事倍功半。说"不"是个很敏感的话题，我们如果无法找对恰当的时间和地点，就会让说"不"的效果大打折扣。因此当我们决定说"不"时，一定要注意时间和地点的选择。通常情况下，说"不"的时机应该把握以下两个原则：

⊙ **不在第三者面前拒绝对方**

被拒绝通常是件令人感到没面子的事情，如果当事人在被拒绝的时候，周遭还有很多不相干的人，眼睁睁地看着他碰钉子，这更会令其光火，甚至恼羞成怒。为了维护自己的面子，他可能会和你撕破脸，或死缠烂打，不达目的不罢休。因此当我们不得不对某人说"不"的时候，最好能够选择没有其他闲杂人等的场合私下交谈，尽可能为对方保留尊严。虽然被拒绝，可是没有别人在场，对方较能欣然接受。如果当时的情况不便"遣散众人"，那么不妨在对方提出要求之后，暂时不予回答，待条件允许时，再带他到会议室或楼梯间等没有其他人的地方，对他说"不"。

⊙ **拒绝应当及时**

经理把项目方案汇报给董事会之后，受到董事们一致赞同。为了表示庆祝，经理决定请部门全体员工出去就餐，做出这份方案的最大功臣玛丽，自然是聚会不可或缺的关键人物，她第一个接到经理的邀请函。

经理要举办庆功宴，玛丽当然高兴，但是玛丽当天晚上已经有了约会，她本想拒绝经理，但是见经理兴冲冲的样子，她觉得要是拒绝，会很扫大家的兴，于是她并没有及时回答，而是说等下班再说。

经理还以为玛丽是因为腼腆而不好意思直接答应，于是兀自高高兴兴地安排起晚上的聚会，同时也邀请了部门其他同仁。但是等到临下班，一切都

准备妥当了，玛丽却突然告诉经理晚上另外有约，不能参加聚会。这迟来的拒绝顿时使经理措手不及，为了促进同仁和管理阶层之间的互动，他甚至邀请了几位高层主管一起来助兴……这下子关键人物不能出席，聚会自然失去了原来的意义。

如果玛丽能够及时拒绝经理的邀请，告诉经理晚上已经有约，经理绝对可以把聚会时间调整到第二天或双休日。但正由于玛丽的拖拉，让事情变得更加复杂，也让经理和玛丽都陷入尴尬的境地。即使玛丽勉为其难放弃了另一边的约会，也不会让经理的心情好受。

当然，在现实生活中遇到的拒绝情况大小、性质各不相同，因此你在选择时机的时候，应当在遵循上述两点原则的基础上，视实际情况做些变化、调整。

比如，当我们受到性骚扰或无理对待时，拒绝就不一定选在人烟稀少的地方了。因为对方心里明白他们进行的是恶意侵害，如果你仅仅只是在私下里拒绝他，并不一定能够收到良好的效果。遭遇诸如此类的情况，我们可以先在私底下进行拒绝或严正警告，如果对方还是继续进行恶意侵害的话，就没什么好犹豫的了，即使是在大庭广众之下，也可以大声地向对方说"不！"在这种情况下往往能够争取周围人的支持，集体影响对无理侵害进行阻拦的威力也是巨大的。

当我们面对的事情比较严重或对方情绪较为激动的时候，如果将"不"脱颖而出，会给人草率、不负责任的感觉，可能瞬间激化彼此的对抗。所以，如果遇到上述情形，最好暂时拖延一下，待自己想好合适的借口，或对方情绪较稳定之后，再委婉地道出自己不能说"是"的原因。比如，女孩在面对男孩表白的时候，如果立即说"不"，势必会让对方难以接受，但也不能拖得太久，免得男方误认为女方是默许。正确的时机应该是表白后的3天左右，再予以拒绝，并且告知对方这是自己认真思考后的结果。

最后，一言以蔽之，寻找恰当的时机把"不"字说出口，灵活巧妙地拒绝对方，不仅可以维护辛苦建立起来的人际关系，将其负面影响降到最低，更能保证自己有足够的时间、精力去完成自己的计划。

第九章 对意见坚决拒绝，对人热情友好——沟通拒绝术

含蓄拒绝：通过言外之意表示拒绝

有些求人的人，由于种种原因，不好意思直接开口，喜欢用暗示来投石问路。这时你最好也用暗示，通过言外之意让对方明白你的拒绝态度。

⊙ 多兜圈子，少碰钉子

当年冯玉祥有个军事顾问叫乌斯马诺夫。他特别喜欢打听西北军的事情，还常常缠着冯玉祥问这问那。开始问一些西北军的一般情况，渐渐涉及行敌的人事安排。这天乌斯马诺夫又向冯玉祥问一些事，冯玉祥不悦地说："顾问先生，你知道在我们中国，'顾问'两个字当什么讲吗？"乌斯马诺夫摇了摇头："不知道。"冯玉祥告诉他说："顾者看也，问者问话也。顾问者，就是当我看着你，有话问你的时候，你答复就是了。"

在沟通艺术中有这样一种说法，叫做"多兜圈子，少碰钉子"。这种方法可以完全移植到说"不"的技巧中来。所谓"多兜圈子"，也就是不直说，而是通过言外之意让对方明白你的态度。当对方的要求比较暧昧，但直接挑明又不利于双方交往的时候，可以使用这种方法将"不"说出口。这种说"不"的方法可以最大限度地维护对方的尊严，比明确拒绝更容易使人接受。

⊙ 巧妙暗示让对方知难而退

约翰很喜欢新同事赫本，因此总是很殷勤地帮赫本做事，为她买早餐，送她小零食之类的东西。因为约翰做得很巧妙自然，所以在其他同事眼里，约翰只是对同事很热情罢了。

有一天，约翰请赫本下班后一起吃晚饭，赫本爽快地答应了。

在餐桌上，两人很随意地聊起了旅游。

"德克萨斯啊？"赫本接过约翰的话头说，"我也喜欢啊，我正想今年夏天去呢，和男朋友商量了好多遍了。"

"你有男朋友啊？怎么没有听你说过？"

约翰心里一惊，有些伤感。

"是的，我真是没有和别的同事提起过呢，去年认识的。我初来乍到的，大家又都很忙，哪有那么多闲工夫聊私人情感啊。也就你，像哥哥似的一直照顾我，才告诉你的。有机会让你见见，也算帮我把关吧。"

约翰说："是吗？把我当哥哥看？那我真是太荣幸了。"

约翰原本想在餐桌上取出小礼物向赫本表白的，这样一来，他就打消了这个念头。赫本不露痕迹地拒绝了约翰。后来两人的关系依然很好，约翰觉得，有赫本这样的朋友很快乐。

可见，巧妙的拒绝不仅会达到自己的目的，还会照顾到别人的面子。

你的生日，他送你一套衣服，你不喜欢，艳了些。他问："喜欢吗？"你若直截了当地回答："不喜欢，花里胡哨的，像什么样！"精心挑选过的他此时一定会觉得很伤心。若答："要是素净些就更好了，我比较喜欢浅色的！"这话的表面意思仿佛是：你买的也好，不过若素净些就更好了。但表面肯定的背后是一句否定的意思，只不过说的委婉一些罢了。

我们这里强调委婉地说"不"，乍听起来似乎跟之前所说的有些矛盾：既然要拒绝别人，最好直截了当、明确坚决，不要优柔寡断、欲语还休。既然如此，又怎么委婉得起来呢？其实不然！如果把拒绝看做是一个让对方知难而退的钉子，那么委婉的话语则是一个将铁钉软化成为塑料钉的催化剂，有了这样一个被软化的钉子，既能够让对方明白自己的态度，又可以避免过分伤害到别人的自尊。当然，对于一些原则性问题，则没必要兜圈子，也无需闪烁其词来回答对方的要求，直接拒绝亦无伤大雅。

尤其是对于那些自尊心较强、反应敏感或是"脸皮薄"的人来说，只委婉地表述拒绝的理由，而不说出拒绝的话会更好一些。因为对方会从你的话音中体察到你拒绝的意图，做出相应的反应来。

这种拒而不言绝、透而不言推的方式，可以避免使对方感到下不来台、丢

第九章　对意见坚决拒绝，对人热情友好——沟通拒绝术

面子，避免破坏交往的好气氛。

举个例子，当朋友在你正要出门时来访，你在表示欢迎的同时可以说一句："你来得真巧，稍晚一会儿定会扑空！"这等于暗示对方，你马上要出门办事。如果对方是知趣的人，便会简短地说明来意后很快告辞，或者另约时间再访。这比由你发出明确的"逐客令"要好得多。需要注意的是，你具有言外之意的暗示必须清楚到位，使对方易于觉察。

⊙ 机智幽默地对他人说"不"

英国首相温斯顿·丘吉尔不仅是一位声名卓著的政治家、军事家，而且也是一位机敏睿智的幽默大师。他思维敏捷，语言机智，与著名作家萧伯纳交往较深，但二人又各有几分傲气，因此，相见后免不了打嘴仗，即便是通信也是如此。

相传，有一次，萧伯纳派人送两张戏票给丘吉尔，并附上短笺："亲爱的温斯顿爵士，奉上戏票2张，希望阁下能带一位朋友前来观看拙作《卖花女》的首场演出，假如阁下这样的人也有朋友的话。"在萧伯纳的来信中，"假如阁下这样的人也有朋友的话"，其潜台词是，"你这样的人，哪会有朋友呢？"

丘吉尔看过信后，不甘示弱，马上写回条予以反击："亲爱的萧伯纳先生，蒙赐戏票2张，谢谢！我和我的朋友因有约在先，不便分身前来观看《卖花女》的首场演出，但是我们一定会赶来观赏第二场演出，假如你的戏也会有第二场的话。"

丘吉尔的回信套用萧伯纳来信的语言形式，同样来了个假设"假如你的戏也会有第二场的话"。事实上，这句话正是丘吉尔复信的真实目的。其隐含的意思是：你这样低档次的演出，是不会有第二场的。丘吉尔用机智幽默的语言，还以"颜色"，既聪颖地拒绝了萧伯纳的邀请，又巧妙地回击了萧伯纳的奚落，实在是高明之举。

从人际交往的角度上讲，既拒绝了别人的恳请，又没有失去礼仪，这就是说话沟通的艺术。而那种简单的所谓直爽式回避或否定——"不""不行""不知道""做不到"……留给人的是一种冷冰冰、硬邦邦的感觉，有损于人际关系的和谐。

套用拒绝公式：善于说"是—不—是"

任何时候，拒绝别人的要求或否定别人的意见，对人们来说，都是一件难为情的事。一个人在提出自己的意见或请求而遭到不讲方式的否定或拒绝时，自尊心往往会激起人们采取以牙还牙的反抗，这种心理反应会极大地阻碍交流的顺利进行。对此，哈佛沟通学家指出，如果你先对方进行一番夸赞，再提出拒绝的话就容易被对方接受了。

⊙ 拒绝前先对夸奖对方

当你想要对前来应征私人教师的人说"不"时，最好明确地告诉对方你拒绝的原因，同时，多夸奖一些对方的优点。如果你想将对方转介给其他朋友，也要让对方知道。

"我需要一位能弹性工作的私人教师，因为我想雇用一位万一孩子上午生病，她也能来做家教的教师。你的时间也可以弹性吗？我可以把你介绍给我的一些伙伴。他们最近也在为小孩找私人教师。"

"我相信，你可以跟孩子相处得很好，而且你以前的雇主对你的评价也很高。可是，我觉得你要的时薪太高了，我无法支付起你所想要的时薪。我们决定录用的是一位时薪要求较低且教学质量有保证的人。不过，还是非常感谢你来应征。"

"我决定雇用一个比较有经验的人。我的孩子有时很烦人，我希望找一个能管得住他的私人教师。不过还是很高兴能跟你会面，我相信你一定可以找到很合适的家庭。如果别家人需要私人教师，我再帮你介绍吧。"

如果你不喜欢前来应征的人，而且，也不想推荐给别人，只需要简单地

第九章　对意见坚决拒绝，对人热情友好——沟通拒绝术

跟对方表示就好。"我希望让你知道我已经找到人了，我们觉得上一位私人教师学识渊博，思维清晰。我还是感激你来应征，祝你好运！"

⊙ 巧用"是—不—是"的拒绝方式

最善于布道的布道家"皮却"牧师于1887年3月8日去世了。在3月15日，爱保德牧师被邀登坛讲道。他相信尽其所能，使这次讲道有完美的表现，所以他事先写了一篇讲道的演讲稿，准备到时用。他一再修改、润色，才把那篇稿子完成，然后读给他太太听。但是这篇演讲稿并不是很理想，和普通演讲稿没什么两样。

假如他太太没有足够的修养和见解，一定会对他这样说："爱保德，这篇演讲稿糟透了，那绝不能用——如果你这样讲的话，听的人一定会睡去，它读起来就像百科全书一样；你讲道这么多年，应当很明白。老天爷，你为什么不像平常一样讲话，为什么不自然一些？"

她当然可以这样对她丈夫说！但是，如果她这样说，又会出现什么样的后果呢？

那位爱保德太太，相信她知道这回事，所以她巧妙地暗示她丈夫，如果把那篇讲道演讲稿拿到《北美评论》去发表，的确是一篇极好的文章。换句话说，她虽然赞美丈夫的杰作，同时却又向丈夫巧妙地暗示，他这篇演讲稿，并不适合讲道时用。爱保德看出了他妻子的暗示，就把他那篇绞尽脑汁完成的演讲稿撕碎。他什么也没准备，就去讲道了。结果，那次的讲道比以往还要成功。

智者在拒绝对方时会说："是的，我能理解为什么事情会那样，但是……""你的要求并不过分，问题在于……""你没错，假如我站在你的位置上，我也会这样说，但……"；而愚者在拒绝时多会这样说："你的要求太高，我们办不到。""不行，你怎么老是这样，如此下去，我们还怎样合作……""你这样做不对，真笨……"

秦汉之际，刘邦率兵攻破函谷关，入咸阳，灭了秦朝。他进入秦朝皇宫，见宫室富丽堂皇，美女珍宝不计其数，于是流连忘返，想留在宫中，享受一下做皇帝的快乐。跟随刘邦出身草莽的樊哙，便气冲冲地责问："沛

公,你是想得天下,还是想当富家翁?此室中所有,皆秦所以亡天下也,沛公赶快回霸上,绝对不能在宫中逗留。"

刘邦听了樊哙这一席话,心里顿生反感,脸上也露出不悦之色,不予理睬。

过了一会儿,张良也来对刘邦说:"只因秦王贪暴,不得人心,你才取得了今天的胜利,我们既然为天下除去暴君,理应以俭朴为本,现在刚进咸阳,若又像秦王一样享乐,岂不等于重蹈覆辙?况且,良药苦口利于病,忠言逆耳利于行,希望您能听从樊哙的劝说。"终于说服刘邦还军霸上,揭开了楚汉战争的序幕。

张良与樊哙同为劝说刘邦,但因两人说话的方式不同,而效果也大相径庭。刘邦率先破秦入关,正功成名就、志得意满之时,逆耳忠言是很难听进去的。而出身草莽的樊哙全然没有意识到这些,一阵责备中含讥讽,令刘邦反感,故而对他的意见置之不理。而张良的批评则从分析秦为何灭亡和刘邦为何得胜入手,然后总结说明贪图享乐的后果,最后再肯定了樊哙意见的合理性。张良的分析恰到好处地扣住了刘邦的心理状况,强调刘邦所关心的问题,再加上语气委婉动听,虽是批评意见,刘邦也欣然接受。

同样的一张嘴,同样的一个"不"字,有人能利用它来拯救一国之难,也有人因它而遭到杀身之祸,一切都由各人掌握。

第九章　对意见坚决拒绝，对人热情友好——沟通拒绝术

侧面拒绝：转移话题，从侧面说"不"

在人际交往过程中，总会在一些事情上产生分歧，或遇到一些令人尴尬的问话，比如涉及国家、组织的秘密，涉及个人收入、个人生活、人际关系等问题。在这种情况下，继续谈论已经发生争议的话题，则会发生更多的不愉快，两个人即使是缄默不语，也不能缓解尴尬的局面；如果用"不能告诉你"来回答，那会使你显得粗俗无礼；如果套用外交用语"无可奉告"来作答，那又会给提问者造成心理上的失望与不快。对此，哈佛沟通学家总结出了一种简单直接的办法，即掌握"顾左右而言他"的语言艺术，采用故意转移话题法，这样能够让两个人顿时轻松不少。

所谓"故意转移话题"，就是在对方还没有完全表达出想说的话时，就将其话断开，转向其他的话题。事实上，这对于拒绝对方而言也不失为一种好的方法。

归纳起来，大致有以下几种方法供我们"顾左右而言他"。

⊙ 节外生枝法

谈话总是要围绕一个中心内容来谈，如果你对此不感兴趣，或不想多谈，你可采用节外生枝的方法，转移话题。比如，谈论某个人的是非，可你不想谈，那么你可先听对方说，然后说些和被谈论人无关紧要的事，说自己的事，说说话人的事，说近来发生在身边的有趣的事。

⊙ 巧转视线法

谈话中，眼睛看向窗外，表现出对外面的天气或景物的关注，评论天气的好坏，气候的变化；谈话中，把视线集中在对方的穿着打扮上，夸她的服

饰有档次、有品位，夸她的肤色青春靓丽，向她讨教护肤的方法，讨教如何购买化妆品等。

⊙ 先声夺人法

未等对方完全摊开话题，你就另立个话题，然后天南地北地说起来，不时地还向对方征求意见，让他发表高见，并向他讨教解决问题的方法，让他为自己指点迷津，态度极为诚恳。不给对方喘气的机会，重提话题的时间。

⊙ 锦上添花法

锦上添花法，即由对方话语中的某一点引出新的话题。

朋友在交谈中夸耀自己的孩子："我女儿这次数学考试又得了满分！哎，你儿子怎么样？"乙的儿子数学较差，如果他不愿意公开，就可以说："哦，满分？你女儿真聪明，语文一定也考得不错吧！"听到人家夸奖自己的女儿，甲喜笑颜开，又开始介绍女儿的语文成绩。

⊙ 补充引渡法

这种方法表面上为对方的谈话作补充说明，实际上暗度陈仓、转换话题。

××说："博览会上羊毛衫的款式真多……"如果他滔滔不绝地介绍起羊毛衫的款式，而你又不感兴趣，那么，不妨抓住他说话的间隙，插上一句："我昨天也去看了，不是还有各种名牌冰箱吗？"这样，就能把话题引到"冰箱"上去。

需要注意的是，有的人一讲到兴头上，往往收不住，给"补充引渡"带来困难。这时，你就要针对他的特点，用他同样感兴趣，甚至更加感兴趣的话题去"诱惑"他。一般来说，他会不经意间转换话题的。

⊙ 追问转移法

对对方的回答不断地追问，也能达到转换话题的目的。

有人总是抱怨自己不被领导赏识，是个人才但是缺乏机遇，听到的次数多了，难免使人厌烦。特别是有的人还很不"识相"，不管人家爱听不爱听，依然絮絮不休。这时，你不妨趁机追问："你认为一个人成才需要哪些条件？成才既然需要主客观条件，那么主观因素与客观条件相比，哪一个更重要呢？""客观条件很差，由于主观努力而终于成才的，这一类例子你多

第九章 对意见坚决拒绝，对人热情友好——沟通拒绝术

少了解一些吧？"利用一次或多少连续追问使他逐渐偏离原来的话题。

⊙ 另起炉灶法

另起炉灶法简洁明快，往往用明白的语言刹住对方的谈锋，迫使话题转换。这种方法虽然直截了当，但也要顾全对方的面子，尤其是在对方谈兴正浓的时候。你可以对只顾自己口若悬河的人说："这件事咱们有机会再谈吧，我先告诉你一件事……"也可以在听到不愿听下去的话题时说："我们不谈这个，谈谈……好吗？"既注意到了礼貌，又达到了转换话题的目的。

⊙ 装疯卖傻法

对方说西，你就说东；对方说人，你就说事；对方谈工作，你就谈家事，装作没有领会对方的谈话意图，来个云山雾罩，犹抱琵琶半遮面。让自己疯傻，让对方无奈。

故意转换话题还有一种情况，在两人的交谈中涉及第三人的名誉或利益，这时更要当机立断，改变话题。如当有人在谈话中损害了某个人的名誉时，你就要以坚定的语气说："我对他（她）的印象很好，还是让我们谈谈其他事吧。"或者，当有人诽谤一位双方都很熟悉的朋友时，你可以用吃惊的语气说："是嘛，可是他对你评价非常高，常常讲你的好。"这种明显的转换话题往往能够马上制止闲言碎语。

借口拒绝：为你的拒绝找个"挡箭牌"

一般情况下，在拒绝别人的请托时，我们只需把真正的理由说出来就可以了。比如，"我要把明天的会议报告赶出来，没时间帮你。""我对这件事情一窍不通，帮不上你的忙……"这样的理由诚恳、真实，足以让请托者放弃对你继续抱有幻想。

现在的问题是，有时候我们拒绝别人的真正理由并不见得能够让对方信服，又或一旦说出来，可能会让双方陷入尴尬的境地。比如，一个女孩拒绝了一个男孩的追求，原因是男孩的长相实在太"娘"了，令她无法接受。如果男孩对简单的拒绝不死心，追问女孩原因，女孩难不成要把真实的想法如实地说出来吗？当然不可以！

在这一点上，哈佛沟通学家指出，很多时候，为了维护双方的关系或对方的颜面，我们即使选择说"不"，也要慎重地想想自己的拒绝理由是否充分、是否能够让对方坦然地、心平气和地接受。通常，显而易见的客观条件，如工作忙碌、身体状况欠佳等理由，以及明确的价值观评判，如道德底线等理由，是可以明确告知对方的。但如果是一些主观的因素，比如，对于美丑的评判，或毫无原因就是不想帮忙等理由，说出来不仅不能让对方信服，反而会破坏双方的交情。所以说，如果我们的拒绝原因属于后者，就需要一个恰当的借口来充当"挡箭牌"了。

归纳起来，找借口最好能遵守下面3个原则，这样能让你拒绝的"借口"听起来更像"真理由"，更能让对方信服，不再纠缠你。

第九章 对意见坚决拒绝，对人热情友好——沟通拒绝术

⊙ **从客观角度或个人价值观着手**

出于客观的外在条件或个人价值观差异的理由更能够让人接受，因为对于该条件，双方都看得很清楚，对方自然可以表示理解。比如，对于上文提到的那个女孩，如果她想对男孩的爱意说"不"的话，她可以选择这样的借口："我们还小，不适合谈恋爱！""将来工作的时候可能会分居两地，很不方便。这件事还是搁浅吧！""我想找个比自己大5岁以上的男朋友，你年龄不符合我的交友标准。"

⊙ **选择借口时一定要具体**

通常我们最常用也最有说服力的借口就是自己工作忙碌。因为别人对于你的工作情况不甚了解，所以，对于这个理由也许没有办法反驳。不过由于这种借口用得过于泛滥，所以无论是真是假，都会给人找借口的感觉。找借口的艺术，就是要选择比较具体一点的借口，比如，"我后天要去南部出差，不能陪你去。"或"我明天约了一个台湾的客户谈生意，大概要到下周一才能回来……"借口具体一点，就会让人相信真有其事，说服力自然也比简单的"我很忙"要强得多。

⊙ **借口求精不求多，一个足以**

英国心理学家萨盖提出一个著名的"钟表定律"，即一个人拥有一只表时，可以很容易地知道现在是几点钟，而当他同时拥有多只表时，这种确定性便随之降低。两只表并不能告诉一个人更准确的时间，反而会让看表的人失去对准确时间的信心。你要做的就是选择其中较为信赖的一只，尽力校准它，并以此作为你的标准，听从它的指引行事。手表越多，越不敢确定当前的时间。

"钟表定律"揭示了一个事实：观点越多，越不知道真理在哪里。说"不"的借口也是如此，当你说出一个借口时，已经足以说服对方放弃进一步的说服欲望，但如果你为了增强说服力而增加其他一些借口，反而会令对方感觉你是在有意找借口搪塞，从而丧失前面所说的借口的功效。记住尼采的话："兄弟，如果你是幸运的，你只需有一种道德而不要贪多，这样，你过桥更容易些。"

重复否定拒绝：重复否定部分，可以否定全部

拒绝总会招致对方的反对，通常一次拒绝是很难达成效果的。如果一次拒绝不奏效，不妨不断地重复你的否定，直到对方心理防线出现松动为止。

⊙ **由点及面拒绝，逐步攻克对方的"心墙"**

有这样一个故事。说的是，某一年，临近黄河岸畔有一片村庄，为了防止水患，农民们筑起了巍峨的长堤。一天有个老农偶尔发现蚂蚁窝一下子猛增了许多。老农心想这些蚂蚁窝究竟会不会影响长堤的安全呢？他要回村去报告，路上遇见了他的儿子。老农的儿子听了不以为然地说：那么坚固的长堤，还害怕几只小小蚂蚁吗？拉老农一起下田了。后来，在一个风雨交加的晚上，黄河里的水猛涨起来，开始咆哮的河水从蚂蚁窝渗透出来，继而喷射，终于堤决人淹。

对几万吨重的巨大水压也"无动于衷"的长堤，却因蚂蚁洞而终至溃坏。起初只是一点一滴漏出的水，经不断削去侧壁之中，加速度地扩大洞口，终于变成偌大的决口，喷出了如同怒涛大水。

在拒绝技巧上，有与此相似的"部分刺激"的方法，即再难被说服的对手，先找出一个弱点，彻底攻击那个弱点。从整体来说是坚牢不动的"心墙"，也会因不停地刺激一个小小的"蚂蚁洞"，最终遭到崩溃。

举个例子，要瓦解并不十分漂亮的女性的心墙，你把目标集中于一个部分，重复称赞："你的鼻子真好看""你给人一种如沐春风的柔和感""你的脸型跟小S徐熙娣的脸型好像"等。那么，她会逐渐陷入如同自己的全体被称赞的暗示中，去除心墙。

第九章　对意见坚决拒绝，对人热情友好——沟通拒绝术

这个方法，照样可以适用于说"不"的技巧上。即对于一个似乎不可能接受"不"的对方的坚定心理，以重复"不的部分刺激"来否定掉整体。

⊙ 重复"不的部分刺激"，再否定整体

要不伤和气地击退熟人介绍来的推销员、热心得近乎顽固的推销员等，可以从一般社会上通行的家常话中找出一个否定性的要素，并牢牢抓住不放。一旦提出"因为现在是通货膨胀……"那么，不管对方说什么，都要不断地拿通货膨胀的话题来重复部分刺激。"银行存款实质上等于减少……""房租价格一再上涨……""宁可借钱比较有利……"之类，貌似是不同的话题，但始终都在重复"借钱"即对于拉保险是否定的部分刺激。

尤其当对方的话中含有否定的语句，如"东西不错，虽然价格稍贵""请你加班好吗？虽然你已经很累……"等，你就以此为进攻的借口："嗯，的确太贵了""是的，我的确很累……"始终固执这一点，重复否定的部分刺激。

于是，由于这是对方自己也承认的事实，所以会逐渐失去进一步说服你的依据。

补偿拒绝：拒绝后给予对方点"好处"

在如何拒绝的问题上，哈佛沟通课为我们提供了另一种途径：为了不伤害彼此的关系，最好有代替的拒绝，或给予对方其他补偿或提出其他的解决方案。比如，"你跟我要求的这一点我帮不上忙，我用另外一个方法来帮助你"。这样一来，他虽然被拒绝了，但他还是会很感谢你的。因为你拒绝他的同时，又提供了其他方法，帮他想出另外的出路，实际上还是帮了他的忙。

甲："您就帮我把这件事办了吧！"

乙："这件事我实在没有时间帮你去办了，你不妨去找××试试。"

甲："这份资料，我能借用几天吗？"

乙："对不起，这份资料我这几天还要用，不过图书馆里还有一份没有借出去，你赶快去还可以借到。"

当对方确有为难之事求助于你，你又无法承担或不想插手时，你可以用为对方另找其他出路的方法，来弱化可能产生的不愉快。对方有了其他"出路"，就会对你的拒绝不在意了。

工作、生活当中，很多事情并不见得只有一种解决方法，正所谓"条条大路通罗马"，此路不通，我们当然可以选择另一条路。只是对于那些心急如焚的人来说，他们往往只看到其中一条道路，如果我们觉得对方所选择的这条道路实在不妥，那么可以向他们提供另外一种自己可以帮得上忙的建议。比如，"你说的方法很难实现，我恐怕无能为力。不过我有另外一个建议，你不妨一试……"

提出的建议如果对方能接受，那么自然皆大欢喜，倘若对方不接受，

第九章　对意见坚决拒绝，对人热情友好——沟通拒绝术

仍旧坚持原来的方案，那么你无法帮忙也在情理之中，拒绝起来便是有理有据，顺理成章了。

这种说"不"的方法在商务谈判中尤为适用。因为在商务谈判中很多时候仅仅依靠以理服人，以情动人是远远不够的，毕竟双方最关心的是切身利益，断然拒绝会激怒对方，甚至使交易终止。假使我们在拒绝时，在能力所及的范围内，给予适当优惠条件进行补偿，或为对方提供其他的解决方案，往往会取得曲径通幽的效果。

⊙ **给予适当的补偿**

自动剃须刀生产商对经销商说："这个价位不能再降了，这样吧，再给你们配上一对电池，既可赠送促销，又可另作零售，如何？"

房地产开发商对电梯供销社报价较其他同业稍高极为不满，供货商信心十足地说："我们的产品是国家免检产品，优质原料，进口生产线，相对来说，成本稍高，但我们的产品美观耐用，安全节能，况且售后服务完善，一年包换，终身维修，每年还免费两次例行保养维护，解除您的后顾之忧，相信您能做出明智的选择。"

⊙ **为对方提供其他的解决方案**

如果上属给你不合理的要求，你的拒绝方案绝对不是直接拒绝。

到底什么是不合理要求？定义其实有些模糊而且带有主观认知。一个对你而言可能不合理的要求，对提出那项要求的人来说，他可能不这么想。尽管如此，的确有些方法可用来回应不合理的要求，或是请对方再慎重考虑他们的要求。

当你碰到那份工作不是在你负责范围内时，你可以跟对方建议，那件事情最好找另一个承办人商谈，而不是直接说："那不是我的工作。"把人家硬生生地拒绝掉。我们必须清楚，出现问题了，应该解决问题，而不是再制造新的问题。

"某某是市场调查的专家，我相信他能给你更详尽的回答。你可以问问她！"

"因为我做的是活动规划，并不参与资料管理。让我想想你可以找谁。"

"制作宣传册不是我的特长，我只是个文字撰稿人，而且我也不熟悉美术设计。我想，你需要的是一个美编人员，我可以推荐一些人给你。"

这种说"不"的方法之所以见效是因为，即使是有亲密关系的人，当拜托他做什么事，或者相反的要拒绝他什么事时，常拿"代替物"（当然，不仅仅限于物，还可以是人）来让对方承认你的心意。这时那"代替物"或许并没什么重要的意义，但在心理上，这种"补偿"则是非常奏效的方法。

以诸多有关说话技巧的著作出名的美国人际关系研究者戴尔·卡内基介绍过这样的例子。他有一个朋友是到处争先邀请演讲的学者，有一回无论如何也不能不拒绝一次有关人情义理方面的演讲时，他采用了下面的方法。首先实话实说："很遗憾，我实在排不出时间来。"紧接着，推荐别的演讲者，也许还附带加上这么一句话："某某先生说不定是比我更适当的人选哩！"这种说"不"的方法，至少有以下几个好处：

第一，因说"不"之后立即予以"补偿"，所以，本来因"不"而必然产生的不满、失望的感觉获得补偿，把对方的关心导向那个代替物上面去。这时，如果能紧接着给予有关那代替物的适切情报，往往效果更佳。比如，要推荐演讲的代替者，则要告诉对方那代替者的通信地址、联系方式、他的优势与强项等，最好自己能当他的介绍人。

第二，不是有其他的意思而拒绝，显然始终保有协助的姿势，故能让对方认知这边的诚意。

第三，这表示受托的一方确实是有推卸不掉的事情，以致必须想方设法通过补偿来加以拒绝，所以，这种情况下说出"不"的理由更加有力。

而且，如果能说服对方，代替物比现在的要求能给对方更大的满足，则拒绝了现在的要求，反倒可以令对方高兴。这时要注意，即使要推荐代替者，也绝不可过于自卑。这一点非常重要。举个例子，甲邀请乙去参加一家婚庆公司的剪裁仪式，如果陈一楠这样说："我不是适当人选，某某某才是。"这种说法就非常可能被对方误以为是别有用意。老道的说话者往往能够始终一贯强调："我有心协助，但实在是事非得已。"

第九章 对意见坚决拒绝，对人热情友好——沟通拒绝术

值得一提的是，拒绝时除了可以提出替代建议，隔一段时间还要主动关心对方情况。有时候拒绝是一个漫长的过程，对方会不定时提出同样的要求。若能化被动为主动地关怀对方，并让对方了解自己的苦衷与立场，可以减少拒绝的尴尬与影响。当双方的情况都改善了，就有可能满足对方的要求。

拒绝禁忌：拒绝有底线，说"不"有禁忌

说"不"不是想说就能说的，说"不"也有许多禁忌。

⊙ **忌拖延说"不"的时机**

有些人觉得不便说"不"，便随便找些不值一驳的理由来暂时搪塞对方，以求得一时的解脱。这个方法并不好，因为对方仍可以找理由跟你纠缠下去，直到你答应为止。比如：

你不想答应帮他做事，推说："今天没有时间。"

他就会说："没有关系，你明天再帮我做好了，事情就拜托你了。"

又如：

你不想要对方转让给你的一件衣服，你推说："钱不够。"

那么对方会说："钱以后再说。"就把你轻易应付过去了。

或者你不愿意跟对方跳舞，推说："我跳不好。"

那么他一定会说："没关系，我慢慢带着你跳。"

⊙ **忌与对方套近乎**

给人以"敬而远之"的态度，比较容易把"不"说出来并说得较好，或者说，对方试图与你套近乎，你要保持头脑清醒，以免做了感情俘虏，给对方可乘之机。一般说来，见一次面就能记住别人名字的人，通常容易与人接近，因此，在交谈中不断称呼别人名字，并冠之以"兄""先生"等词语，这易产生亲近感。那么，反过来你想说"不"时，便应杜绝这种亲密的表示，即对方的名字一概不提，这样加大与对方的心理距离，容易说"不"。

还有，谈话时尽量距离对方远些，使其不容易行使拍、拉等触动性的亲密动

第九章 对意见坚决拒绝，对人热情友好——沟通拒绝术

作。据心理学家研究，"触动"是很容易产生共同感受的，所以想说"不"时应注意避免。另外，最好也不要触摸对方递出来的东西。东西也和人一样，一经"触摸"也会产生"亲密感"，想要拒绝就不容易了。

因为这些都是小小的谎言，一经反驳，你定有所慌乱，"不"的意志便很难贯彻了。所以对付这种情况，你倒不如直截了当地用较单纯的理由明确地告诉对方：

"你托办的这件事办不到，请原谅。"

"这件衣服的颜色我不喜欢，很抱歉。"

"我已经另约了舞伴，不能跟你跳，对不起。"

这样，虽说显得生硬些，但理由单纯明快，不给对方可乘之机，倒可以免除后患。

⊙ 忌优柔寡断

拒绝别人时，要坦诚明朗，不要优柔寡断。当然，这并不是主张在任何情况下，对任何人都直来直去地说出这个"不"字。对于那些自尊心较强、反应敏感或是"脸皮薄"的人来说，只婉转地表述拒绝的理由，而不说出拒绝的话会更好一些。因为对方会从你的话音中体察到你拒绝的意图，作出相应的反应来。这种拒而不言绝、诿而不言推的方式，可以避免使对方感到下不来台、丢面子，避免破坏交往的好气氛。比如，当朋友在你正要出门时来访，你在表示欢迎的同时可以说一句："你来的真巧，稍晚一会儿定会扑空！"这等于暗示对方，你马上要出门办事。如果对方是知趣的人，便会简短地说明来意后很快告辞，或者另约时间再访。这比由你发出明确的"逐客令"要好得多。需要注意的是，你的暗示必须含义清楚，使对方易于觉察。

第十章 每一种场合都是沟通的练习——场合沟通课

在哈佛流传这样一句格言:"从来就没有说错的话,只有说错了场合的话。"这一语道破了"说话一定要注意场合"的道理。

哈佛沟通课指出,场合不同,氛围不同,人们的心情心绪也不同,对一些问题的感受和理解的程度也不大一样。同样一句话,在此场合会被认为合理,有见解,在彼场合则会引起人家的厌恶和反感,不看场合说不合情景的话就必然要碰壁。要想把话说到位,就要注意场合,到什么场合说什么话。

应景沟通：说话看场面，沟通看场合

哈佛沟通课指出，与人交往，谈话沟通，要注意场景场合。场合就是谈话的社会环境、自然环境和具体场景，具体场景又涉及谈话的时间、空间及周围环境。它们虽然无言，却在言语交际中起到不可低估的参与和影响作用。谈话双方对于话题的选择与理解、某个观念的形成与改变、谈话的心理反应以及交谈结果，无不与场合有直接联系。这就要求谈话者必须估计场合影响，并有意识地巧妙利用场合效应，做到"见什么人说什么话，到什么时候唱什么歌"。

⊙ 说话应当看场合

有一年轻人眉清目秀，长相不俗，就是不会说话。岳父去世，家人大恸，他以酒相慰，对内弟说："好事成双，再饮一杯。"朋友结婚，他前去祝贺，喜宴上他慷慨陈词："凭咱哥们交情下次你再结婚我还来喝酒。"满座人面面相觑，朋友哭笑不得，他却山吃海喝，浑然不觉。因为他说话不合时宜，所以谁家有个婚丧嫁娶的事情都不欢迎他。有好心人背后开导他说话要注意场合，多说主人爱听的吉利话，别说人家忌讳的话，他才幡然醒悟，牢记在心。

鲁迅先生有一篇散文《立论》，非常生动地揭示了说话应注意场合的特点。

一家人家生了一个男孩子，合家高兴透顶了。孩子满月的时候，抱出来给客人看——大概自然是想讨点好兆头。一个人说："这孩子将来要发财的。"他于是得到一番感谢。一个人说："这孩子将来要做官的。"他于是

第十章 每一种场合都是沟通的练习——场合沟通课

收回几句恭维。一个人说:"这孩子将来是要死的。"他于是得到一顿大家合力的痛打。

这个故事里,孩子满月是喜事,主人这时愿意听赞美之词,尽管是信口之言;而说孩子将来必死确是有据之言,却使主人反感。因为在轻松的场合言语也要轻松,在热烈的场合言语也要热烈,在清冷的场合言语也要清冷,在喜庆的场合言语也要喜庆,在悲哀的场合语言也要悲哀。所以说话要看场合,到什么时候唱什么歌。

一位早年毕业于某高等院校中文系,勤勤恳恳工作了几十年的老教师退休了,为此,学校为他和另一位曾多次荣获过"先进"的退休老同志一并举行了一个欢送会。领导对他们的工作和为人进行了热情洋溢而又非常得体的肯定和赞扬,相比之下,对那位曾多次荣获过"先进"的老同志的美誉尤多。当轮到两位受欢迎的退休老同志致答辞的时候,他们对大家的欢送做了深情的感谢。一时间,会场里充满了一种令人动情的温馨气氛。作为答谢,话本该说到这里为止;然而,那位老教师却并未就此打住,而由人们对另一位"先进"的赞扬中引起了感触,并做了颇为欠当的联想和发挥:"说到先进,很遗憾,我从来也没有得过一次……"

话犹未尽,坐在他对面的、平日与他相处得不很融洽的一位青年教师突然抢了话头:"不,那是我们不好,不是你不配当先进,是怪我们没有提你的名。"话语带着不肯饶人而又让人难堪的"刺",冷不防,老教师的眼角眉梢被"刺"出了一股感伤的表情,一时间会场中出现了令人难堪的尴尬气氛。

领导见势不对,马上接过话茬,想把气氛缓和一下。照理说,这时,他应避开"先进"这个敏感的话题,转而谈论其他。然而,他却反反复复劝慰那位退休老教师,叫他对"先进"的问题不要在意,说没有评过先进,并不等于不够先进,先进不仅在名义,更要看事实。如此等等,一席话,等于是把本应避而不谈的话题做了重复和引申,使本已尴尬的局面显得更为尴尬。

⊙ **根据场面说话,避免言语失误**

这是一个发生在我们身边的真实故事,我们不妨把它叫做一个"不会说话的故事"。从这个故事中,我们能引出几点发人深省的教训来。

一是那位退休老教师的教训：不该作无谓的比照。

比照，是谈话中常用的一种手法。用得好，可以使谈话产生某种积极的效果。这里，"积极的效果"是应该特别注意的。在退休欢送会这样的场合，人家所说的都是一些富有情感而又不失真意的十分得体的人情话和好话。对于这种充满人情味的好话，听话者要善于倾听，善于应答，大可不必拿别人的长处来衡量自己的短处，从而引起不快。

二是那位青年教师的教训：不要在别人失意之火燃烧时加油。

一位勤勤恳恳工作了一辈子的老前辈即将退休时，虽然可能因为老先生平时在某些方面不善为人处世而与自己伤了和气，然而在欢送会这种场合，我们却不能趁别人一时失言，抓住不放，图一时之痛快而说出那些不合人情的刻薄话，在这种场合，无论如何，还是要在"欢"字上多考虑一些，"欢送欢送"，"欢"而"送"之，要尽可能多留一点美好给人家。

三是那位领导人的教训：应注意避开敏感话题。

领导者的能力固然表现在原则性上，在会场一时出现了某种始料不及的尴尬局面时，他没有直接去批评那位言之有失的青年教师，而是竭力肯定那位教师的贡献，具有这种应急应变的意识并立即着手应变，这些都是无可厚非的。然而，从具体的应变能力和说话方式的一面看，却又显得很不够。照理说，在这种场合，他应竭力避开"先进"这个敏感的话题，"顾左右而言他"，巧妙地把话题岔开，使欢送会的气氛由暂时的不欢而重新转向欢快，并顺势掀起新的高潮，而不是如他所做的那样，在敏感的话题上唠叨不休。能否机敏地避开某些不宜多说的话题，对领导者的领导能力也是一种很好的检验。

三个方面的教训，合为一点，就是：说话要注意场合。不看场合，随心所欲，信口开河，想到什么说什么，这是愚者的表现。

哈佛沟通课指出，人总是在一定的时间、一定的地点、一定的条件下生活，在不同的场合，面对着不同的人，不同的事，从不同的目的出发，就应该说不同的话，用不同的方式说话，这样才能收到理想的效果。

第十章　每一种场合都是沟通的练习——场合沟通课

"入乡随俗"：不同场合说不同的话

紧眨眼，慢张口。不同场合有不同的说话之道。

沉痛、悲哀、忧戚、肃穆性的语言，只能出现在奔丧、吊唁、追悼会等场合；

庄重、严肃性的语言，只能出现在会议等场合；

愉悦、欢快、祝贺、颂扬性的语言，只能出现在剪彩、乔迁、结婚、庆功等场合；

轻松、随和、自由性的语言，只能出现在私人交谈等场合；

宽慰、祝愿、企望、崇拜、仰慕性的语言，只能出现在探病、拜望、问安等场合。

⊙ **应邀参加娱乐时这样说**

"如果还有空额，我希望有加入的荣幸机会。"

⊙ **好友重逢时这样说**

"××先生，很高兴又见面了。"

⊙ **表示歉意这样说**

拨错电话时："对不起，打错了。"

⊙ **疾走时撞了他人这样说**

"对不起，我不是有意的。"

⊙ **接受赞美时这样说**

对方说："你早上所提的建议真好。"

"你今天早上看起来特别靓丽清爽。"

回答："谢谢，你真客气。"

⊙ **何时说请这样说**

对你的另一半说："周日我要请老板吃饭，请帮我一起接待他。"

对出租司机说："请送我到国际机场。"

对饭店出纳员说："请给我301房的账单。"

对秘书说："请把这份材料传真给建筑材料公司张经理，另一份给××市的红光贸易公司。"

对餐厅的服务员说："请给我菜单。"

对公司副经理说："请注意代表们对我们的计划第二段所提的批评，相当重要哟。"

⊙ **表示对朋友的关心这样说**

"玛丽，你的病好些了吗？"

"安东，我听说你们公司已经打入美国市场了，好好干吧。"

"霍克，早上的会议多亏你提了个好建议，真是不胜感激。"

⊙ **礼貌逐客时这样说**

"我的天，都快11点了，我必须赶着去开会了。"

"很抱歉，我还有另一个会议，几分钟前就开始了。"

"真对不起，我现在必须赶到飞机场。"

"这次见面获益匪浅，希望再次见到你。"

"谢谢您的光临，一旦有结果，我会马上告诉您。"

"真抱歉必须结束这次面谈，因为上班要迟到了。但我希望能有机会完成这次面谈，现在我必须马上赶到办公室去。"

⊙ **想求得他人帮助时这样说**

"我刚才发言的声音是不是有些不自然？"

"我的手握起来是不是湿湿的？"

"早上汇报时，我是不是说了不少废话，是不是应该更简练些？"

"明天我要去定做一套西服，您能不能跟我一起去，当场给我参谋点意见？"

第十章 每一种场合都是沟通的练习——场合沟通课

⊙ 需要下属加班时这样说

"××,我实在很不愿意让你留下来加班完成这项工作,不过你是我唯一能够信任的人,所以请你务必帮忙。但我保证,对于今晚所造成的不便,我日后一定会有所补偿。"或者:"请完成这份工作。这样要求你实在很抱歉,非常感谢你的帮忙。"

变换角度：特定场合变换说话方式

哈佛沟通课告诉人们，说话沟通必须注意言语行为的特定场合。不同的交际场合，有不同的言语表达，不可将言语表达的基本原则变成僵死的程式。说话沟通要注意场合，不看场合，随心所欲，信口开河，想到什么说什么，这是"不会说话"的人的一种拙劣表现。

在特定场合如何说话，如何沟通？哈佛沟通课总结了以下几种技巧和原则，善于运用，可达到理想的当众讲话沟通的效果。

⊙ 多角度

某些场合的变化是出人意料的。如果应对不好，会使自己陷于某种困境。这就要求说话者必须善于变换切入角度，灵活地应对和驾驭各种局面和场合。

里根就任美国总统后第一次出访加拿大，时值加拿大正举行反美示威游行。一次，里根总统的演说为反美示威游行的人群打断。只见里根总统面带笑容对陪同的加拿大总理特鲁多说："这种事情在美国时有发生，我想这些人一定是特意从美国来到贵国的，他们是想使我有一种宾至如归的感觉。"双眉紧锁的特鲁多眉开眼笑了。里根高超的说话水平，故作曲解、否解，消除了主人的窘迫，又体现了一位大国总统的胸襟与气度。

⊙ 利用歧义

利用特定场合，造成情境歧义。例如，鲁迅在厦门大学任教期间，校方曾召开一次专门会议，无理削减一半经费，遭到了与会人员的反对。校长林文庆不但不予理睬，反而阴阳怪气地说："关于这件事，不能听你们的。学

第十章 每一种场合都是沟通的练习——场合沟通课

校的经费是有钱人付出来的,只有有钱人,才有发言权?"他刚说完,鲁迅立即从口袋里摸出两个银币,"叭"的一声"拍"到桌子上,铿锵有力地说:"我有钱,我有发言权?"致使林文庆措手不及,狼狈不堪。鲁迅讲的"有钱"和林文庆说的"有钱"是两个概念,两者所包含的语意相差甚远,鲁迅正是巧妙地利用交际环境造成的歧义,给林文庆当头棒喝,压下了他的气焰,打乱了他的阵脚,实现了当众讲话的特定目的。

⊙ **正话反说**

利用情境的参与,正话反说,摆脱不利的话语交际环境。例如,萧何以谋反罪诛杀韩信后,又召集群臣,设下油锅,要韩信的谋士蒯通当众供认和韩信谋反的罪行。在这种特殊环境的制约下,蒯通无法直陈其词,便用正意反说的方式先数了韩信的"十罪",接着又列举了韩信的"三愚":"韩信收燕、赵,破三秦,有精兵四十万,恁时不反,如今乃反,是一愚也。汉王驾出成皋,韩信在修武,统大将二百余员,雄兵八十万,恁时不反,如今乃反,是二愚也。韩信九里山前大会战,兵权百万,皆归掌握,恁时不反,如今乃反,是三愚也。韩信负着十罪,又有此三愚,岂不自取其祸?"蒯通明为数说韩信的罪状和愚蠢,实为韩信鸣冤叫屈,致使满朝文武为之动容,赢得了群臣的同情,迫使萧何难以下手烹杀。

⊙ **言此意彼**

利用情境的微妙关系,言此意彼,使双方心领神会,从而实现交际目的。二战期间,英国首相丘吉尔到华盛顿会见美国总统罗斯福,要求美国共同抗击德国法西斯,并给予物质援助。丘吉尔受到热情接待,被安排住进白宫。一天早晨,丘吉尔正躺在浴盆里抽着他最爱抽的特大号雪茄。突然,美国总统罗斯福推门进来,丘吉尔大腹便便,肚子露出水面,这两个世界大国的领导人在此刻会面,确实非常尴尬。而丘吉尔扔掉烟头,利用这种特殊的情境以幽默的口吻说:"总统先生,我这个英国首相在您面前可真没有一点隐瞒。"说完,两人哈哈大笑。丘吉尔正是用言此意彼的手法,既解除了当时的窘态,又借此向罗斯福袒露联合抗击德国法西斯的诚意,增进了会谈时双方的相互了解与信任,促进了这次谈判的成功。

语如其人：依据自己的身份沟通

任何人在当众讲话与人交流沟通时，都是以自己物主身份表达思想，传递信息。哈佛沟通课强调，要想使彼此交流达到理想的效果，除了要有对象意识外，还要有自我身份意识，就是说话要得体，言语形式的选择要符合自己的身份，说自己该说的话。

以下级的身份向上级汇报思想工作，当持敬重的态度，注意措辞的严肃性和应有的礼节性。与同辈亲友交谈，则以亲切、自然为宜，不宜过于"一本正经"，否则便有疏远之感。说话不得体，不注意身份，听的人总感到不是滋味，甚至引起反感，这肯定达不到交流的目的，甚至事与愿违。

⊙ **当众发言要注意称谓和口气**

当众发言要符合自我角色身份，首先就要做到称谓、口气适合。例如：一位在业界颇有影响的企业家，在一次代表本公司与另一家公司老板洽谈业务时，姗姗来迟。且一见面就一本正经地说："我忙得不得了，只能用很少的一点时间接见你。"此话一出，举座皆惊。对方更不是滋味，一笔几十万元的生意，便一语告吹。公司洽谈生意，双方的地位是均等的。姗姗来迟便是不礼貌，而"我实在忙得不得了""接见"等语气的潜信息则是傲慢和盛气凌人。

⊙ **当众发言要注重情境**

当众发言时要注意自己的多重身份，针对不同环境，选择相应的表达方式，使表达与自身思想情感表达相符合。

常言说，"言为心声"，鲁迅先生也说："从喷泉里出来的都是水，

第十章 每一种场合都是沟通的练习——场合沟通课

从血管里出来的都是血。"一个人用什么身份说话,很容易反映他的思想境界,处世的方式,待人接物的态度。如何把握好交谈双方特定的关系而作语言的修饰调整,以更好地传情达意,这正是提高说话水平要研究的课题。如一位湘籍著名歌星,应邀在长沙做嘉宾主持"情系三湘"的赈灾义演节目串联时,只见她手持话筒,朗声说道:"那次中央电视台举行青年歌手电视大奖赛,我给'娘屋里'的参赛选手打了最高分,下次'娘屋里'的伢子妹子到北京参赛,我还要给他们打最高分。"这样的话不无失体之嫌。若是在私下场合对"娘屋里"的说说私情乃人之常情,而在这义演的严肃场合,说的又是严肃庄重的大奖赛评委打分问题,如此地偏重于"情感"而疏于"理智"的话语,人们不禁会问:作为评委,其公正何在?

⊙ **当众发言要注重心境**

话虽是说给听众听的,但话说得好不好,能否为听众所接受,还要看发言人是否恰到好处地表达了自己的思想感情,而一个人的思想性格是在长期的社会实践中形成的,而一个人的心情则是和他的思想、处境分不开的。这种不同处境下的不同心境,同样会在人们的表达中自然流露,显示出说话者的本色身份。

所以,当众发言时要选择与处境、心情相协调的说话形式。

因人说话:依据听众的身份沟通

哈佛沟通课指出,当众交谈沟通面对的听众身份复杂,这就要求我们有强烈的对象意识,以便区别对待。说话如果"无的放矢,不看对象",效果是肯定好不了的。

说话"无的放矢",不看对象,效果肯定好不了。可见说话者应该针对不同对象和对象的不同情况,采取不同的策略,以及不同的言语表达。

⊙ 针对对方的文化水平说话

话因人异、区别对待,首先要区别听话人的文化知识水平。

例如:一个人口普查员问一位乡村老太太:"有配偶吗?"老人笑了半天,然后反问:"什么配偶?"普查员只得换一种说法:"是老伴呗。"老太太笑了,说:"你说老伴不就得了,俺们哪懂你们文化人说的什么配偶呢!"

那么在我们当众讲话时,由于通常面对的是广大听众,人员构成复杂,知识水平参差不齐,这就要求我们更要考虑这一点,顾及听众中大多数人的最低文化水平,尽量用简朴的语言说明一个复杂的道理,例如一位科学家为了排除群众中比较普遍存在的恐惧心理作了如下说明:"核电站在建立的过程中,已采取了一系列严密的防范措施,因此对周围环境的放射性影响微乎其微,核电站附近居民每年所受的放射剂量只有0.3毫雷姆,而每天吸10支烟就有50~100毫雷姆;看一次彩色电视有1毫雷姆,即使核电站发展史上最严重的美国三里岛核电站事故,电站周围的居民受到的放射剂量也只有1.5毫雷姆,还不如戴1年夜光表所受到的剂量大。煤电站除排放有毒气体和烟灰外,也有放射污染。据对包括核能、煤炭、石油、水力、风力、太阳能等在内的11种能源的危险性做的系统比较，核能是除天然气以外最安全的一种能源……"

在这个说明中，核科学家将晦涩的核专业知识与大众耳熟能详的日常知识相比较，根据听众的知识水平调整发言技巧，使缺乏基本科学知识的人，也会对核电站的安全深信不疑。

⊙ 针对对方的思想情感说话

话因人异，区别对待，还要区别听话人的思想状况和情感需要。

韩非子在《说难》中指出："凡说之难，在知所说之心"，"所说出于为名高者也，而说之以厚利，则见下节而遇卑贱，心弃远矣。所说出于厚利者也，而说之以名高，则见无心而远事情，必不收矣。所说阴为厚利而显为名高者也，而说之以名高，则阳收其身，而实疏之；说之以厚利，则阴用其言，显弃其身矣。"韩非子在这里明确指出，谏说的难处，关键在于要使自己的话语切中对方的心理。对方求名，你若用利去打动他，他认为你节操不高而看不起你，自然不听你的；对方逐利，你若用名去打动他，他就认为你不务实际，也不会接受你的意见。有些人阴一套阳一套，表面上装的与内心想的不一致，你按他表面上装的去劝他，他表面敷衍你，实际不用你的；你按他内心想的去劝他，他就暗地里采纳你的意见，但表面上却疏远你。韩非子谈的，关键是要求人们讲话时要探求听众基本的心理状态和内心渴求，以便切中要害，区别对待。

1936年西安事变爆发后，张学良、杨虎城手下的军官情绪冲动，纷纷要求把蒋介石杀掉。周恩来到达西安后，面对这一群愤怒异常、言辞激烈的军官，根据他们的思想感情状况，他劈头反问一句："杀他还不容易，一句话就行了！"这话尖锐泼辣，立即引起了对方的深入思考，使愤激的人们在思考中趋于平静。但是他们思想上一时还理不清头绪，需要点拨。

接着周恩来又循循善诱地引导："杀了他以后又怎么办呢?局势会怎样呢?日本人会怎样呢?国家和民族的前途会怎样呢?各位想过吗?"接连的5个问题，都是这些军官们应该思考而又没有思考的问题，因而造成了步步紧逼的势态，把他们的思考引向了深处。然后，周恩来又透骨敏锐、入情入理地剖析道:"这次抓了蒋介石不同于十月革命逮住了克伦斯基,不同于滑铁卢擒获了拿破仑。

"前者是革命胜利的结果,后者是拿破仑军事失败的悲剧。现在呢,虽然捉了蒋介石,可并没有消灭他的实力,在全国人民抗日高潮的推动下,加上英美也主张和平解决西安事变,所以迫蒋抗日是可能的。我们要爱国,就要从国家民族的利益考虑,不计较个人的私仇。"

这话终于击中了军官们思想这个"的",解开了他们心中的"结"。

可见,虽然人们的心情像一只野兔,活蹦乱跳,很难逮住,但只要善于透过言语表象与非语言举动,由表及里地进行探求,洞察听众的需要、目的、心情,就能把握目的,一击中的。

例如19世纪,维也纳上层社会的妇女中,时兴一种筒高、檐宽的帽子,而且在帽檐上装饰着五颜六色的羽翎。女士们一进入剧场,观众就只能看到她们戴的帽子,而看不见戏台,剧场经理在无可奈何的情况下,只好一再请求女士们脱下帽子,可谁也不予理睬。这时,经理灵机一动,根据女士们爱美、爱年轻的心理状况和志趣特点说:"年纪老一点的女士可以照顾不脱帽。"话一出口,女士们竟纷纷脱下了帽子。因为她们面临着"美女"与"老妇"的选择,维也纳的上层妇女,当然谁也不愿意做老妇,她们戴那种筒高、檐宽的帽子,不也是为了追求美吗?

洞察、预测对方的心理,只是为最佳说话形式的选择作准备,而绝不是为了将他人的情感秘密一一暴露,因此言语交际的策略应当是察而不扰。可见掌握了人们内心变化规律,并对症下药,就能切中要害,一击中的,产生良好的讲话效果。

第十章　每一种场合都是沟通的练习——场合沟通课

看看想想说说：边看边说，边说边看

沟通中交流总是双向的，不论是在公共场合发表演讲，还是和别人随意交谈，除了说话的自己（说话人）以外，还有说话的对象（听话人）。哈佛沟通课指出，与人交谈沟通，说话人不能想说什么就说什么，而要看对象，从对象的不同特点出发，说不同的话，从而创造一种和谐、融洽的气氛，达到交流沟通的目的。

两个人说的是同一件事，可是因为说话的方式不同，就得到了截然不同的待遇。人们在社交生活的实践中，道理也是相同的。如何取悦你的谈话对象是很重要的原则，取悦你的谈话对象并不意味着一味趋附对方，而只是希望能够更好地达到交流的目的。

不同的人爱听不同的谈话内容，这是容易理解的。但困难的是你怎么知道他爱听什么、不爱听什么呢？这就要"看"人说话。这"看"，即是观察：在与对方谈话时，要善于一边说一边察言观色。"看"对方的什么呢？

⊙ **看面部表情**

狄德罗曾经说过，一个人的"心灵的每一个活动都表现在他的脸上，刻画得很清晰，很明显"。有时对方口头表示赞同你的意见，但他的眉头却不知不觉地紧皱了起来，或者他的嘴唇突然紧闭，而且嘴角向下撇。这些表情恰恰是内心不愉快的流露。因此，他说的赞同的话其实是言不由衷的，或是碍于情面，或是屈于权势，才不得不这样说的。

⊙ **看体态表情**

几乎每一种体态，每一种动作都是一种特殊的语言，都在宣泄着一个人的内心世界。问题在于我们要能看懂这些体态表情，要能领会它们的内在含义。假如与你谈话的人双脚并立，双臂交叉在胸前，这就表明此人对你怀有某种敌意，这是一种自我防卫的谈话姿势；而当他不仅双臂交叉，而且双拳紧握时，那就是说他不止在自卫，还要向你进攻了。又如，如果谈话者常向你摊开双手，这就表明此人是真诚坦率的，他对你毫无提防之心。

⊙ **看语言表情**

与人交谈时不但要看他说什么，而且还要看他怎么说。这就是要从对方说话声音的高低、强弱、快慢、腔调等听出他的弦外之音。这是因为说话声音的种种变化不但表现一个人的性格——急性子的人说话节奏快、声音响亮，慢性子的人说话节奏缓慢、声音低沉——而且能够表明一个人的情绪与心境。例如，人忧伤时语速慢、声音低、节奏平缓，而人兴奋时则与之相反，语速快，声音高，节奏强烈。

所谓"看人说话"，主要是"看"上述三种表情。从这些表情变化中，我们便可随时猜度对方的心理态势，透视对方的心理需要，然后也就可以随时调整自己谈话的内容与方式，使之更适应对方的思想线索。这样，说话便可获得预期的效果。

"看人说话"，将使你在成功的道路上路路绿灯，处处顺畅。

第十章 每一种场合都是沟通的练习——场合沟通课

投其所好：注意对方，择机开口

哈佛沟通课强调的一个沟通技巧是，与人交谈沟通要善于观察，尽可能地用眼睛捕捉一些与对方深入谈话的信息与灵感。

如果有机会到陌生朋友家里去做客，就要用自己的眼睛去细心观察对方的有关情况，加强对对方的了解。比如，我们从对方家庭的日常生活用品及布置设计中，就可以判断出对方的经济状况、生活情趣、艺术修养格调等；从对方的言谈举止、音容笑貌及衣着表情，就可以窥探出对方的性格、品德以及在为人处事与待人接物方面怎样；从对方家中案头放的书籍、墙上挂的艺术作品，就可以了解到对方的个人爱好、学习兴趣、审美情趣等。

有了以上这些对对方的了解，我们就可以轻松自如地与对方进行交谈。

⊙ **注意对方的心理**

了解听者的心理，是掌握说话技巧的基础。我们只有在了解听者心理的基础上，才能正确地选择在某个场合该讲什么，不该讲什么，哪些话能够打动听众的心灵，能使听众产生共鸣，真正使谈话达到水乳交融的境地。

人的心理捉摸不定，较难把握，但是，在有些场合，人内心的东西又常通过各种方式而外露。善于观察听者的一举一动，并能据此加以分析和推测，那么，基本上就可以掌握听众的心理和情感了。譬如，在讲话时，听者发出歇声，说明听众不喜欢那些话；如果听者两眼注视，说明说话的内容非常吸引人；如果听者左顾右盼，思想不集中，说明他心里可能很着急，但又出于面子而不愿离开……当然，有许多人善于抑制自己的感情，不让它外露，不过即使是这样，也仍会露出蛛丝马迹。

战国时，魏文侯和一班士大夫在闲谈。文侯问他们："你们看我是怎样的一位国君？"许多人都答道："您是仁厚的国君。"可一个叫翟黄的人却回答说："你不是仁厚的国君。"文侯追问："何以见得？"翟黄有根有据地答道："你攻下了中山之后，不拿来分封给兄弟，却封给了自己的长子，显然出于自私的目的，所以我说你并不仁厚。"一席话说得文侯恼羞成怒，立刻令翟黄滚出去，翟黄若无其事地昂然离去。文侯仍不甘心，他又接着问任痤："我究竟是怎样的一个国君？"任痤答道："您的确是位仁厚之君。"文侯更加疑惑了。任痤说："我听说过，凡是一位仁厚的国君，其臣子一定刚直，敢说真话，刚才翟黄的一番话说得很直，而不是阿谀奉承之词，因此，我知道他的君主是位宽厚的人。"文侯听了，觉得言之有理，连声说："不错，不错。"立即让人把翟黄请了回来，而且拜他为上卿。

在这则故事中，我们不但能看出任痤的人品高尚，救助同事；而且能看出他机巧聪明，善于抓住魏文侯愿意被人尊为仁厚之君这种心理，从同一事件中巧妙地引出了有利的结论，化解了文侯和翟黄之间的矛盾。

⊙ **注意对方的身份**

几乎没有一个人可以在说话的时候不考虑到彼此的身份。不分对象，不看对方的身份，都用一样的口气说话，实在是一种幼稚无知的表现。虽然身份不同不会妨碍人际交流，比如下级对上级、晚辈对长辈、学生对老师、普通人对于有名气地位的人，等等，不必表现得屈从、逢迎，但在言谈举止上有必要表现得更加尊重一些。在不是十分严肃隆重的场合，身份较高的人对身份较低的人说话越随和风趣越好，而身份较低的人对身份较高的人说话则不宜太过随便，尤其是在公众场合，说话要恰如其分地把握好自己与听者的身份差别。

1953年6月28日，毛主席到了北京市郊区鱼池村视察。他走访的第一家，主人名叫张振。走进院里，毛主席就问寒问暖，他摸着院子里晾的一床露棉花的破被套问，冬天盖这样的被子冷不冷；又走进屋里问，冬天烧不烧炕；还问家里几口人，都叫什么名字，多大年纪，小孩子上学没有，庄稼长得好不好……当问到粮食够吃不够吃时，张振如实回答："过去吃野菜，现在有吃的了，不过还不大好，荒月还要吃些白菜团子。"毛主席点点头，安慰他说："不用急，生活会一天天好起来的。"

与乡亲拉家常，毛主席对不同的人擅长说不同的话，讲究话语的形式与自己和对方的身份相符，既得体又恰当，更把自己与乡亲的距离拉近了。

⊙ **注意对方的地位**

地位，是个人在团体组织中担负的职位和在社会关系中所处的位置。个人的社会地位不同，就会有不同的人生经历、社会职责和交际目的，对口才表达也会产生不同的需求。

美国军队中规定，凡是军人都不能蓄长发。而黑格尔将军在担任北约部队的总司令时，却蓄着一头长发。有一名留长发的士兵看到画报上登载着一头长发的黑格尔将军的照片，就把它撕下来，贴在不允许他留长发的连长的办公室门上。为了表示抗议，他还画了个箭头，并在旁边注了一行小字："请看他的头发！"连长看了这份别出心裁的抗议书后，并没有立即把这个愤愤不平的士兵叫来训斥，而是将那箭头延长到总司令的肩章处，并也加注了一行小字："请看他的军衔！"

这个士兵只想和黑格尔攀比头发，因而愤愤不平，却没考虑到两者身份和地位的悬殊差异，连长则不失时机地提醒了他。

⊙ **注意对方的性格特征**

性格，又称性子或脾气，是对人、对事的态度和行为方式所表现出来的心理特征。一个人的性格特征通过自身的言谈举止、表情等流露出来，比如那些快言快语、举止简捷、眼神锋利、情绪易冲动的人，往往是性格急躁的人；那些直率热情，活泼好动、反应迅速、喜欢交往的人，往往是性格开朗的人；那些表情细腻、眼神稳定、说话慢条斯理、举止注意分寸的人，往往是性格稳重的人；那些口出狂言、自吹自擂、好为人师的人，往往是性格骄傲自负的人；那些懂礼貌、讲信义、实事求是、心平气和、尊重别人的人，往往是性格谦虚谨慎的人。

对于这些不同性格的人，和他们说话时要具体分析，区别对待。比如他喜欢婉转的，就说流利的话；他喜欢亢直的，就说激切的话；他喜欢学问的，就说高远的话；他喜欢家常的，就说浅近的话；他喜欢诚恳的，就说朴实的话。说话方式与对方性格相投，自能一拍即合。

罗斯福任国会议员的时候曾参加过一个宴会。他看见席间坐着许多不认识的人。这些人是认得罗斯福的，不过因为他们和罗斯福的地位不同，所以虽然认识罗斯福，也只是淡淡地表示认识而已，并不因罗斯福地位高而献殷勤。那时罗斯福刚从非洲回来，正在预备1912年选举的第一次旅行。罗斯福看见这些人对他没有表示友好的意思，立刻想出一个办法，故意拿出几个简单的问题，去问那些不相识者。

陆思瓦特博士是筵席上的主人，那时，正坐在罗斯福的身边。罗斯福凑近他轻轻地说："请把坐在我对面那些客人的情形告诉我一些！"陆思瓦特把每个人的性情特点都大略告诉了他。罗斯福了解到每个人的性情以后，立刻就有了适宜的谈话资料。

⊙ 考虑对方的语言习惯

说话要考虑感情、褒贬、民族、时代、地域等问题，不可大意。我们说某人"壮得像头牛"，英语则说"壮得像匹马"，就是语言习惯的问题。有个牧师，想翻译《圣经》给非洲居民读，可是译到"你们的罪恶虽然是深红的，但也可以变成像雪一样的白"的时候，难题就出现了。因为热带的土人，根本不知道雪是什么东西，雪的颜色和煤的颜色有什么不同。后来，牧师从椰子得到启发，把这句话改译成"你们的罪恶虽然是深红的，但也可以变成像椰子肉一样的白"，这样，非洲居民就懂了。

把"罪恶可以变成像雪一样的白"译成"罪恶可以变成像椰子肉一样的白"，这正是考虑到了对方的语言习惯。

⊙ 顾及对方的兴趣爱好

兴趣是一个人力求认识、掌握某种事物，并经常参加该种活动的心理倾向。说话时，需要顾及对方对该事物的兴趣，顺着他的心理倾向，如对一位潜心学问的学者就不能谈"股票""生意经"；对一个经商的人就不能谈"治学之道"。一个具有敬业精神、勇于开拓创造的人，喜欢听事业、工作方面的具体指导和建议；生活困难、穷困潦倒的人喜欢听到扶贫济困、发财

第十章 每一种场合都是沟通的练习——场合沟通课

致富的信息。不同的兴趣有不同的"兴奋点",兴趣相投的人聚在一起交谈,可以激发出话题焦点的"火花",进而产生思想感情的共鸣。

面包商图维一直试着将面包卖到纽约某家饭店,可连续4年都失败了,最后图维决定改变策略。他打听到经理是"美国招待者协会"的主席,于是不论在何处举行活动,他都必定出席。当图维再次见到经理时,就和他谈论他的"招待者协会",这一下打开了经理的话匣子,反应热情得异乎寻常。经理在图维离开办公室之前,"卖"给了他一张协会的会员证。图维只字未谈面包销售之事。几天以后,饭店的人主动打电话要他们送面包样品和价格单。4年努力未成,一朝交谈得手,全在于投其所好。

察言观色：把话说到对方心坎上

哈佛沟通课告诉我们，人与人之间沟通，懂得如何说话、说些什么话、怎么把话说到对方心坎里，这些都是很重要的。而要想把话说到对方心坎里，就需要你懂得察言观色，揣摩对方表情言行背后的真实意图，进而把话说到点子上。

⊙ 揣测对方心意，顺水推舟说话

中国西汉初年，汉高祖刘邦打败项羽，平定天下之后，开始论功行赏。这可是攸关后代子孙的万年基业，群臣们自然当仁不让，彼此争功，吵了一年多还吵不完。

中国西汉时，汉高祖刘邦认为萧何功劳最大，就封萧何为侯，封地也最多。但群臣心中却不服，私底下议论纷纷。

封爵授禄的事情好不容易尘埃落定，众臣对席位的高低先后又群起争议，许多人都说："平阳侯曹参身受七十次伤，而且率兵攻城略地，屡战屡胜，功劳最多，应当排他第一。"

刘邦在封赏时已经偏袒萧何，委屈了一些功臣，所以在席位上难以再坚持己见，但在他心中，还是想将萧何排在首位。

这时候，关内侯鄂君已揣测出刘邦的心意，于是就顺水推舟，自告奋勇地上前说道："大家的评议都错了！曹参虽然有战功，但都只是一时之功。皇上与楚霸王对抗五年，时常丢掉部队，四处逃避，萧何却常常从关中派员填补战线上的漏洞。楚、汉在荥阳对抗好几年，军中缺粮，也都是萧何辗转运送粮食到关中，粮饷才不至于匮乏。再说，皇上有好几次避走山东，都是

第十章 每一种场合都是沟通的练习——场合沟通课

靠萧何保全关中,才能顺利接济皇上的,这些才是万世之功。如今即使少了一百个曹参,对汉朝有什么影响?我们汉朝也不必靠他来保全啊!你们又凭什么认为一时之功高过万世之功呢?所以,我主张萧何第一,曹参居次。"

这番话正中刘邦的下怀,刘邦听了,自然高兴无比,连连称好,于是下令萧何排在首位,可以带剑上殿,上朝时也不必急行。

而鄂君因此也被加封为"安平侯",得到的封地多了将近1倍。他凭着自己察言观色的本领,能言善道,舌灿莲花,享尽了一生荣华富贵。

⊙ **察言观色,把话说到点子上**

孔子说:"巧言令色,鲜矣仁。"但是,在这个时代,不巧言,不令色,并不能彰显你的仁德,有时反而突显你的不识时务。

说话,要懂得什么时候说什么话;说了,还要为自己说过的话负责。一个人如果不是真材实料,如果没有真知灼见,从他嘴里吐出来的话也许能一时吸引人,却不能一世蒙蔽他人。

拜访场合沟通：迎来送往，增进友谊

待客拜访是日常生活常见的交际形式，也是交流沟通、联络感情、增进友谊的一种有效方法。待客拜访通常都是在特定的场景中进行，其交流语言有着特定的讲究。那么在待客拜访中交谈沟通要遵循哪些规则呢？哈佛人际关系家总结以下几点，让你在待客拜访时沟通更有效。

⊙ **待客中的语言讲究**

有客人来访，如果是事先约定的，应做好迎客的各种准备。如个人仪表、居室卫生、招待茶具烟具以及水果点心等。如果客人不告而至，也应尽快整理一下房间，并对客人表示歉意。

待客人坐下后，应为其敬茶、递烟或端上其他食品。上茶时，一般应用双手，一手执杯柄，一手托杯底。用手指捏住杯口边缘向客人敬茶，既不卫生，也不礼貌。

与客人交谈时，如果家人不便参与，则应尽量回避，如无条件回避，就不要随便插话。交谈时，应专心致志，不要东张西望，心不在焉，或者频频看表，更不可将客人撇在一边，只顾自己看电视或做家务。客人来访时，若恰逢你有急事要办，如果时间不长，则不妨向客人说明情况，让客人稍等片刻，并委托家中其他人作陪，或拿出一些报纸杂志给客人浏览。如无暇接待或要外出，可向客人致歉，另约时间。

有时客人带来礼物相赠，主人应做出反应，如表示谢意，或谢绝馈赠，也可相应地回赠些礼物。

客人要走时，主人应等客人起身后再相送。对于年长的客人、稀客等，主人应送至大门口,然后握手道别,目送客人离去。如果送至电梯口,则要等客人进入电梯,在电梯关门后再离开。

⊙ 拜访中的语言讲究

做客拜访是日常生活中常见的交际形式,也是联络感情、增进友谊的一种有效方法。

做客拜访要选择一个对方方便的时间。一般可在假日的下午或平时晚饭后,要避免在吃饭和休息的时间登门造访。拜访前,应尽可能事先告知,约定一个时间,以免扑空或打乱对方的日程安排。约定时间后,不能轻易失约或迟到。如因特殊情况不能前去,一定要设法通知对方,并表示歉意。

拜访时,应先轻轻敲门或按门铃,当有人应声允许进入或出来迎接时方可入内。敲门不宜太重或太急,一般轻敲两三下即可。切不可不打招呼擅自闯入,即使门开着,也要敲门或以其他方式告知主人有客来访。

进门后,拜访者随身带来的外套、雨具等物品应搁放到主人指定的地方,不可任意乱放。对室内的人,无论认识与否,都应主动打招呼。如果你带孩子或其他人来,要介绍给主人,并教孩子如何称呼。主人端上茶来,应从座位上欠身,双手捧接,并表示感谢。吸烟者应在主人敬烟或征得主人同意后,方可吸烟。和主人交谈时,应注意掌握时间。有要事必须要与主人商量或请教时,应尽快表明来意,不要东拉西扯,浪费时间。

离开时要主动告别,如果主人出门相送,拜访人应请主人留步并道谢,热情说声"再见"。

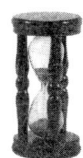

面试场合沟通：言语互动，脱颖而出

哈佛沟通课所阐述的沟通要领，不仅适用于人际社交场合，也适用于职场工作场合。从哈佛毕业的学子，在求职面试中，展示了熟练的自我表达和对话沟通能力。他们深知，面试中，只有恰当、准确、诚恳地用语言表达出你的思想、才智、修养，才能最终让主考人确信你是本职位的合适人选。

"说"是表现自我的重要手段。那么，面试中怎样说话才能达到表现自我的目的呢？哈佛沟通课提供了以下几点方法。

⊙ 说好第一句话

据不完全统计，有70%的应试者参加面试时，不主动说第一句话，沉默地等待主考人发问，或虽然主动说话但不得体。只有30%的人能有礼貌、得体地说好第一句话。一般来说，第一句话可以是问候、请示或自我介绍，如"您好，我是王二，来参加面试"等，要根据当时的实际情况灵活掌握，不能弄巧成拙。创造良好的开端，可以给主考人留下良好的印象。

⊙ 积极参与

大多数主考人都喜欢积极参与、开朗的人。因此，应试者不能消极被动地坐在那里等着回答问题，要积极主动地参与交谈，适时调控面谈的进程，达到说服对方的目的。当然，交谈要掌握分寸，不能喧宾夺主。讲话在精而不在多，说话过多就难免失之轻率。说话要力求把握要点，说一些无关的事于己不利。

⊙ 采用呼应式交谈

面试既不同于当众演讲，又不同于自言自语，而是相互之间的呼应。成功的对话是一个相互应答的过程，自己的每一句话都应该是对方上一句话的继续，并给对方提供发言的余地。

⊙ **弄清提问的内容**

面试中，主考人提出的问题过大，以致不知从何答起，或对问题的意思不明白，是常有的事。这时不能想当然地理解，答非所问。如果对方问的问题过大，你最好婉转一点表示自己不太明白对方要求哪一方面的答案。

⊙ **重视最后的道别**

这是给人好印象的要点之一。虽然最后的动作并不能代表所有的表现都很好，但毋庸置颖的是，最后的道别的确会使对方留下的印象不同。

⊙ **恰当处理说错话**

应试者在面试时由于紧张，容易脱口而说出错话。这时，不应该懊悔万分，心慌意乱，这样只能越发紧张，接下去的表现更糟糕。最好的办法是保持镇静。若说错的话无关紧要，可以若无其事，继续专心应答。因为主考人不会因一点小错误而放过合适的人才，且主考人也会理解你因为心情紧张说错。若说错的话比较重要，应该在合适的时间更正并道歉。

⊙ **语言表达方式**

在语言沟通方面，说话的内容往往没有说话的方式重要。主考人对应试者的印象与评价，来自"他讲了什么话"的方面较少，而对应试者怎样讲这些话反而印象较深。因此，在面试过程中，回答问题的内容固然重要，而说话的方式更不容忽视。

应试者在介绍情况、回答问题时，既不能冗长繁琐，又不要混乱晦涩，繁琐混乱会使对方感觉你思路不清，长篇大论也会使人心生不快，都会产生不良效果。

应该尽量做到：一是把自己的意思完整地表达出来；二是要条理清楚，层次分明，合乎逻辑；三是语言简练，没有废话；四是语速适中，不急不缓，平时说话快的要尽量把语速减慢；五是声音大小适中，太小显得信心不足，太大会使主考人员感到很不自在，说话的声音只要让主考人员听清就行了。

酒宴场合沟通：推杯换盏，左右逢源

"酒文化"是一个既古老而又新鲜的话题。现代人在交际过程中，已经越来越多地发现了酒的作用。

酒作为一种交际媒介，在迎宾送客，聚朋会友，彼此沟通，传递友情时，发挥了独到的作用，探索酒桌上的"奥妙"，有助于你交际求人的成功。那么，酒桌上交谈沟通、言行举止有哪些讲究呢？哈佛人际关系学家总结以下几点要领。

⊙ **酒桌上说话不要喧宾夺主**

大多数酒宴宾客都较多，所以应尽量多谈论一些大部分人能够参与的话题，得到多数人的认同。因为个人的兴趣爱好、知识面不同，所以话题尽量不要太偏，避免唯我独尊，天南海北，神侃无边，出现跑题，而忽略了众人。

特别是尽量不要与人贴耳小声私语，给别人一种神秘感，使之产生"就你俩好"的嫉妒心理，影响喝酒的效果。

大多数酒宴都有一个主题，也就是喝酒的目的。

赴宴时首先应环视一下在座各位的神态表情，分清主次，不要单纯地为了喝酒而喝酒，而失去交友的大好机会，更不要让某些哗众取宠的酒徒搅乱酒席。

要想在酒桌上得到大家的赞赏，就必须学会察言观色。与人交际，要了解人心，左右逢源，才能演好酒桌上的角色。

⊙ **酒桌上言行举止要得体**

酒桌上可以显示出一个人的才华、修养和交际风度，有时一句诙谐幽默

第十章　每一种场合都是沟通的练习——场合沟通课

的语言，会给客人留下很深的印象，使人无形中对你产生好感。所以，应该知道什么时候该说什么话，语言得当，诙谐幽默。

在酒桌上往往会遇到劝酒的现象，有的人总喜欢把酒场当战场，想方设法劝别人多喝几杯，认为不喝多就是不实在。

"以酒论英雄"，对酒量大的人还可以，酒量小的就犯难了，有时过分地劝酒，会将原有的朋友感情完全破坏。

非常场合沟通：智言化窘境，沟通不冷场

人际交往过程中，难免会出现危急、冷场、尴尬的场合，高明的说话者总是善于运用语言的智慧来化解危机，从容解围。

⊙ **危急场合妙语自救**

中国战国时代，游说家苏秦靠着三寸不烂之舌周游列国，游说诸侯，合纵抗秦，深受燕王器重。有一次，苏秦奉命出使齐国。有人乘机在燕王面前诋毁苏秦，说："苏秦是个左右摇摆、叛卖国家、反复无常的人，现在，他快要作乱了。"果然，燕王听信了谗言，等到苏秦完成外交使命返回燕国后，燕王便将他免职了。

苏秦知道有人在燕王面前说了自己的坏话，于是要求会见燕王，对燕王说："假如现在有这么三个人：一个孝顺像曾参，一个廉洁像伯夷，一个忠信像尾生，并且，能够找到这么三个人来侍奉您，您以为怎么样？"

燕王说："足够了。"

苏秦说："像曾参一样孝顺，坚守礼仪，连离开他的父母在外面住宿一夜也不肯，您又怎么能够让他步行千里，而替弱小燕国处在危困中的君主效劳呢？像伯夷一样廉洁，坚守信义，不愿做孤竹君的继承人，也不肯做武王的臣子而饿死在首阳山上，廉洁到这种地步，您又怎么能指望他到齐国去干一番有所进取的事业呢？像尾生一样坚守信义，和女子约好在桥下相会，由于女子不来，哪怕洪水来了也不肯离开，终于抱着柱子让水淹死，守信到这种程度，您又怎么能让他去用假话说退齐国的强兵呢？我正是因为没有像他们那样死板，所以才得罪了大王。"

第十章 每一种场合都是沟通的练习——场合沟通课

燕王听后,终于明白了其中的道理,马上给苏秦官复原职,重新予以重用。

苏秦用他的口才保护了自己。

⊙ 尴尬场合妙语解围

《演讲与口才》杂志曾登载了这样一篇演讲词:

各位来宾,各位亲友,今天,我们大家来参加许立群、冯莉同志的婚礼,可以说是人人心情激动,个个笑逐颜开(笑)。我们觉得许立群同志能找到冯莉同志这样的妻子是我们天山深处大兵的骄傲(鼓掌),冯莉同志能得到许立群同志这样的丈夫可以说是……边疆遇知己,慧眼识英才(大笑,鼓掌)。他们是郎才女貌,相般相配,今天的婚礼真是珠联璧合(大笑)。在此,请许立群、冯莉同志接受我最真挚、最衷心、最良好的祝愿:祝你们新婚快乐、生活幸福!祝你们琴瑟永谐,白头偕老!祝你们为边疆建设再立新功(热烈鼓掌)!

这位司仪是一个会说话的人。他清楚地知道,在喜庆场合说的话不是传递信息,也不是说服听众,而是在喜庆的场面里再加笑料,在欢乐的气氛中喜上添喜,讲者喜气洋洋,听者笑声不断。他的目的达到了。

在喜庆的婚礼、宴会之类的欢乐场合,有时会突然出现一点意外事故使在座的人感到扫兴。这时,如果说一句得体的话便可妙语解围。

在一次婚礼上,正当大家高高兴兴地向新郎、新娘祝福时,一位客人忽然打碎了一只精致的茶杯。一时间,掉杯子的客人尴尬,新郎、新娘难堪,众人兴头也受挫,气氛顿时有些变凉。这时,一位思维敏捷的人灵机一动,马上喊道:"这是吉兆啊,'岁岁平安'嘛!"这句话立即引得大家群起响应,哄堂大笑,婚礼气氛又热烈起来。

公关场合沟通：应答自如，打通"关节"

在大多数场合，我们谈到"公关"时的意思是"搞好公共关系"。要搞好公共关系，既要懂社交，又要懂外交，是对说话水平更高、更综合的考验。

作为一名公关人员，说话是最主要的交往沟通手段。会不会说话，是公关人员合格与否的一项重要指标。在公关中，如何运用语言有效交流沟通，达成目标？哈佛公关学家总结以下几点准则。

⊙ 对谈话要有兴趣

公关人员对所发生的一切，所谈的一切，谈话的对象以及他正在做的事情，都要表示出很有兴趣。不仅应该对所熟悉的人表示兴趣，对所有的人都应如此。你的眼光要与每个人的眼光一一接触。找出那个不大说话的人，他看上去可能会很不自在，你应该特别注意和他交谈。

⊙ 要从容自如

要懂得让你的脸和手势表现出你的活力。不过，有益的交谈也常带有一种宁静感，一种松弛感。这不是真正意义上的工作，而是一种"娱乐"活动，是工作之余让人身心爽快的一种休息。

⊙ 要面带微笑

当然，这种微笑应当是一种感兴趣的、友好的微笑，说话时要流露出你对别人的好感。一定要把愁容留在家中，别把自己弄得像个受损害、被误解的可怜虫，让大家来主动安慰你。

⊙ 说话态度要友好

假如你对在场的人吹毛求疵，或者对他们的谈论讽刺挖苦，或者流露出一副看不起他们的神情,那么这场谈话就会失败。千万别错误地仿效某些相声演员之间的相互辱骂。他们之间的争吵是笑料作家所精心编造的,要不是这样插科打诨,那相声也许就会没有笑声。

⊙ **谈吐要彬彬有礼**

风雅的谈吐本身就是礼貌。这并不意味着只要在询问别人时记得说个"请"字,或者向他人告别时,感谢他使你度过了一个愉快的晚上,不是仅此而已。这里指的是要牢记"为人之道"的原则。

⊙ **话语要灵活机动**

话题在变化,谈话的人以及说话情绪气氛都在变换。一个善于公关的人要善于应变。我们钦佩硬汉子的顽强、刚直,但是在公关过程中,这些都用不上。

⊙ **说话要讲策略**

遵循那条古老的格言:三思而后行。要事先思考而不是事后,这是讲策略的根本要素。由于我们不知道别人的敏感点,有时难免会伤人感情。但是我们应该尽量避免由于自己缺乏思考而触及别人痛处的情况出现。

谈判场合沟通：攻防有据，稳操胜券

谈判具有极强的实践性与功利性。哈佛沟通课强调，要使自己的谈判水平高超，既要有丰富的书本知识，又要有熟练的实践能力，更要具备良好的谈判口才，在谈判中既不能信口开河，又不能把对方想知道的情况坦诚相告，而且还要准确地表达自己的观点与见解，并表达得有条有理、恰到好处。唯其如此，才能在生活这个大谈判桌前立于不败之地。

在谈判中如何运用语言技巧和沟通策略，掌控谈判进程，使谈判向着有利于自己的方向发展呢？哈佛谈判专家总结了以下几点谈判要领。

⊙ **守口如瓶，佯作误解**

谈判中最有效的防御策略之一，可以促使另一方继续说下去。说得越多，暴露得越多，也就越感到为了有说服力不得不继续说，于是就越容易暴露自己的真实动机和最低谈判目标的底线。把守口如瓶和佯作误解结合起来，是另一种有效的方法。促使对方重复其论点的方法是佯作误解。对方重复其话题，就可使己方获得时间考虑对方论点的是非曲直，以决定对策。这种技巧在对付技术专家时往往特别有效。

⊙ **巧用转折**

转折语是谈判中陈述某种观点的技巧之一，谈判中如遇到问题难以解决，或者有话不得不说，或者接过对方的话题转向有利于自己的方面，都要使用转折用语。

例如"可是""但是""虽然如此""不过""然而"等，这种用语具有缓冲作用，可以防止气氛僵化。既不致使对方感到太难堪，又可以使问题

第十章 每一种场合都是沟通的练习——场合沟通课

向有利于自己的方向转化。

⊙ 弹性语

无论何种谈判，话不能说得太过，更不能说得太死，对不同的谈判者，应"看人下菜碟"。如果对方很有修养，语言文雅，己方也要采取相似语言，谈吐不凡。如果对方语言朴实无华，那么己方用语也不必过多修饰。如果对方语言爽快、耿直，那么己方就无须迂回曲折，也应打开天窗说亮话，干脆利落地摊牌。

⊙ 模棱两可地回答

在回答对方的问题时，要模棱两可，不给对方所希望的答复。这种方法可用下面一类措辞开头："据我理解你的问题，你是要求……"接着把问题再描述一下，词句稍作改动，然后就重新描述的问题进行回答。不仅避免直接回答问题，而且使己方有时间考虑对策。

⊙ 笼统作答

当对方为了解详细情况而提出具体问题时，己方可以用范围更广的笼统概念回答。如"你们用什么工资和材料的价格指数？"回答："很明显，通货膨胀的影响是我们必须考虑的问题。我们不是要在这方面追求盈利，但我们不愿意亏本。"这样把话题转向提价幅度的一般性问题。

⊙ 回避对方问题

对于对方提出的问题，也可以不直接回答而采取回避的办法。如"你方能保证在规定的日期前完成吗？"答："让我们来看一下计划，然后告诉你在期末的进展情况，你自己可以看出存在的问题以及我们所保证的宽限余地。"

⊙ "但是"技巧

直率的、否定的"不"表示确定、无调和余地的态度，应该保留到确实打算这样干的时候才使用。因为这就表示谈判已无回旋的余地，进而谈判可能破裂。而"是"却有三种用法：一是"不"，二是"也许"，三是真正的"是"。谈判者面对一个直接的问题，他希望给予否定的回答。但为了不冒犯对方，也不给以肯定的许诺，可以用"但是"技巧。如对方要求缩短交货期，可答称："是的，我也认为交货期稍长了些，但有好几个因素要考虑，如材料的短缺正影响产量的水平，还有计划尚未完全搞好。"回答的肯定部分应看起来是站在对方的立场上，否定部分旨在指出不能按对方的意愿行事的理由。最理想的情况是，己方谈判人员用回答的否定部分能促使对方采取有利于己方的立场行事，或至少使对方最后面临两种选择：或采取坚持上述立场行事，或撤回要求。

⊙ 反提问

与"但是"技巧密切联系的是用反提问法来回答问题。如"你为什么不接受安装期限为20周，而是25周？"己方可作答："我们何不从另一角度看此问题？你估计20周的根据是什么？能否算一下细账，看看你方的设想如何？"还有一种反提问法是转换辩论方向，防止注意力集中一点而不及其他。如对方对价格中的运输成本方面提出质问，乙方可不回答对方提出的问题而说："我们可否不谈运输成本，那只是很小的问题。当然你是对价格这一整体感兴趣，你是说它不合理吗？"将问题的焦点引向其他方面。

⊙ 稻草问题

所谓"稻草问题"，是指问题本身对己方并无价值，且无足轻重。之所以提出，正是准备放弃它，以便为己方创造机会，对对方给予真正的让步作出回报。因此，己方在谈判时提出的最初各项要求中包括一个或几个稻草问题，就可以确保有些"储备"，可以作为对对方所作让步的补偿。不过，在决定选择什么作为稻草问题时，必须试图用对方的眼光来看问题，既考虑问题的客观方面，又注意考虑问题的主观方面。

总之，在谈判中要根据对方的学识、气度、修养，随时调整己方的说话语气、用词。这是双方沟通思想、交流感情的有效方法。从人的听觉习惯去考察，在某一场合，他对听到的第一句话与最后一句话，常常能留下很深的印象。在谈判中假如你以否定性话语来结束会谈，那么，这否定性话语会给对方一种不愉快的感受，并且印象深刻。同时，对下一轮谈判将会带来不利影响，甚至危及上一轮谈判中谈妥的问题或达成的协议。所以，在谈判终了时，最好能给予谈判对手以正面的评价。

第十章 每一种场合都是沟通的练习——场合沟通课

会议场合沟通：调动与会者的每一根神经

很多人都认为，会议只不过是一种形式而已，主持会议很容易。其实，这是一种误解。要真正主持好会议，充分调动与会者的积极性，达到预期效果，并不是件容易的事情。

领导是会议的"舵手"，要随时把握、驾驶好会议之舟，启发引导大家，始终遵循会议既定的议题、日程，进行充分研讨，才能如期达到预想的目的。领导必须使与会者充分了解议题。开始就要讲明会议共有哪些议题，怎么个开法，有哪些要求，与会者要承担什么任务等诸多环节，无论哪个环节处理不好，都会影响会议的效果。有效地主持好会议，是领导说话水平的一个重要方面，也是领导的一项基本功。

其中，哪一项应由与会者在会上做出决定；哪一项只需听一听与会者的意见，以便进一步补充；哪一项只是告知性地打打招呼，介绍一下情况，暂不讨论；哪一项与会者必须和上级保持一致，只研究怎么协调行动等等。而要与会人听得明白，那么，主持会议的领导者就必须讲得清楚，把会议的目的、要求、内容诸项一一交代给大家。层次要清晰，逻辑要严密，表达要准确，中心要突出。切不可主次不分，轻重不分，内容庞杂，使听者不知所云，无所遵循。因此，要做好工作会议的主持，领导者需注意做到以下几点。

⊙ 会议要准时开始

这是主持会议人最容易贯彻的一条原则。而由于种种历史原因，又是难于贯彻的一条。人们由于缺乏会议意识，有的是觉得会议不重要，九点通知十点到；有的是为了显示身份，如小说家张天翼创造的著名典型——华威先生为了与众不同，故意姗姗来迟。在这种情况下，领导应以身作则。这样才能使会议有个良好的开端，也是提高会议效率的第一步。

⊙ 声音洪亮，语调多变

领导者在会议上讲话，要让自己说出的每个字、每句话都传到与会者的耳朵里，这是最为基本的要求。我们说话的声音洪亮，不光是指音量，还包括说话应该有力度，吐字清楚，节奏感强。能在声音中表现出领导的自信以及奋斗的力量。领导讲话如果声音有气无力，语调平铺直叙，就显得缺乏活力。领导者通过语调的变化，能表达出丰富的思想情感和观点，使与会者在思想情感上产生一种共鸣，使自己的讲话有较强的感染力、震撼力。庄重、严肃的会议，要求语调平缓、稳重；欢快、轻松的会议，要求语调轻快、随意。

⊙ 务必让每个与会者都发言

务必让每个人都参加讨论，参与决策。如果你知道某个与会者喜欢发表会后议论，设法让他在会上发言，明确表态。这样，会后他再也不能说不同意了。这点要取得其他与会者的配合。这是一种领导艺术，这种领导艺术能节省许多开会时间。

开会时私下交谈只会引起冲突与不和。主持会议者不能允许任何人把会议分裂成一个个小组讨论会，应使所有与会者都能听到每个人的发言。如果窃窃私语者继续存在，可以把大家的注意力引起他身上，和蔼地请他把所讲的告诉大家。

⊙ 应付分歧意见

对分歧不要视而不见，也不要设法回避。承认分歧，并提请与会者注意。把分歧意见公布于众，供与会者进行明智的选择。可以问争论的双方："你到底站在哪一方？"然后再问："你为什么采取那个立场？"最后问："你建议我们应做些什么？"这样，他们坚持自己观点的强烈度就会减弱。

⊙ 防止"冷场"

一发现要出现"冷场"，立即用评论、提问或解释的方法，鼓励大家继续讨论。要知道与会者发表的意见逐步减少，意味着他们对处理问题的紧迫感和能力也随之下降。

第十章 每一种场合都是沟通的练习——场合沟通课

⊙ **经常归纳提醒**

开会时往往有这种情况:有时大家意见比较集中,而会议主持人却不能及时总结,提请大家转入另一项议题,出现了冷场,拖延了时间;有时在征求大家意见时,有的人一声不吭,有的人翻来覆去,谈不到点子上,越扯越远;也有时人们争论不休,互不服气。

归纳是向大家报告会议进展情况的一种技巧。主持人也可以把分歧意见进行归纳,以提请与会者注意。否则,不同意见会在讨论中被忽视。如果到会议结束时才冒出来,会使大家感到沮丧。

⊙ **注意掌握说话的分量和分寸**

语言的分量是由词义和态度两个主要因素构成的。词义是指语言的本意,态度是指表达时所持的表情和情绪。比如,主持会议的领导,要批评下级人员的工作差错或较大的失误,这里就有个分量问题。如果是个别的、一般性的差错,而批评的分量过重,未免有小题大做之嫌。本人不服气,大家也不满意。如果是较大失误,而批评分量过轻,既达不到教育本人的目的,又给大家一种袒护当事人、文过饰非之感,不能使闻者足戒。这也是"度"的一种要求。

当然,不做具体分析,以理服人,而是无限上纲,乱扯一通,也不会有好效果。因此,根据问题的性质、程度,在讲的时候,就有一个轻重之间怎样才算适宜的分寸问题。

分寸是衡量语言分量的尺度。要把握好分寸,一是注意词意上的细微差别,尤其是同义词、近义词之间的细微差别。二是注意态度和语调的区别,这种分寸也是会影响到分量的。指出问题的严重性,进行严肃的批评,不一定非要高门大嗓、声色俱厉不可。语言尖刻,态度粗暴,甚至出口伤人,以挖苦、讽刺、嘲笑人为快事,必定造成对方的反感和抵触,不利于问题的解决,也不利于团结。

⊙ **会议要适时而止**

会议议程一经发出,不要更改,不要超过规定的时间。如果会议程序拖延了,要立即采取行动。明确告诉大家,要在规定的时间内开完会。此举最得人心。

演讲场合沟通：巧言煽情，掌声如雷

演讲是哈佛沟通课的重要内容。从哈佛毕业的学子大都具有出色的演讲口才，活跃于各个领域的哈佛精英，之所以能够取得卓越的成就，不仅得益于他们扎实的专业知识和过硬的职业技能，更得益于其高超的演讲口才。

哈佛沟通课指出，演讲主要是针对听众，演讲语言实际上是以语音、语调、语气等的组合内载体诉之于对方的耳朵，在演讲语言上要下工夫，不仅要使语言能准确、完整地表情达意，更重要的是使对方（听众）能够接受和理解。也就是说，要以听众的感受为主要的衡量标准，而不应"自说自话"，以自我为中心，置听众于不顾。这样，演讲也就失去了它的实际意义。

历史上，很多哈佛名流政要、商业精英、专家学者留下了为数众多的演讲佳作名篇，他们的演讲语言准确、清晰、简洁、凝练、生动、形象，很好地表达了演讲内容和思想情感，值得我们借鉴。

⊙ **演讲语言要简洁、精练**

演讲要想得到较佳的效果，语言必须简洁、精练，要能使听者在较短的时间里获取较多而有用的信息。反之，空话连篇，言之无物，必然误人时光。

⊙ **演讲语言要抑扬顿挫、错落有致**

演讲是有声语言的艺术，其情感主要通过抑扬顿挫、错落有致的语调来表达。中国古语说过："古人平居，每藉以修养情操。至集合大典，则藉以齐众心，通情意。敬慎将事，靡敢逾越。为宗庙之音，凯旋之乐，使闻者缅怀先烈，眷念乡邦。疆场之上，将士闻鼓、角而前趋，筵宴之间，宾主听笛

第十章 每一种场合都是沟通的练习——场合沟通课

簧而喜悦。"可见,不同的音调,给人以不同的感受。

在演讲高潮时,音色应明亮些,圆润些;在低潮时,音色深沉些,平稳些。总之,应富于变化,不应一成不变,一调到底,跟和尚念经似的。因为"人的各种感官也都喜欢变化,同样的,也都讨厌千篇一律。耳朵因为听到一种同一的、继续的音调会感到不舒服。"因此,演讲者必须掌握语调变化的节奏,高低轻重错落相当。并且,巧妙地利用有声语言的这种魅力,以情发声、以声带情、声情并茂,这样才能吸引听众。

⊙ 演讲要情感充沛

演讲者充沛的感情可以通过他的肢体动作、面部表情、语调高低、口气轻重、语速快慢表现出来,但最重要的还是要以语言为载体传达出来。一篇演讲,无论内容如何丰富,语言怎样准确、清楚、简洁、明了,如果缺乏情感,那还是很难打动听众。俗话说"晓之以理,动之以情",成功的演讲不仅能把道理说得清楚明白,使听众不得不信服,而且还能以自己真挚的感情感染听众,引起听众的共鸣,使听众心悦诚服地接受演讲者的思想感情。

情感的表达既要靠语意,也要靠语音。因此,一些演讲名家,他们在遣词用语的时候,总是字斟句酌,选用那些适合表现思想内容,蕴含着炽烈情感的语言,并以这些带有强烈感情色彩的语言,来叩动听众的心扉,引起共鸣。

⊙ 演讲要生动形象

写好演讲稿,光有语言的通俗、明白还不够,讲出的话为听众所理解,这是最基本的要求,但与成功的演讲还相距甚远。好的演讲还要能吸引人,让听众爱听,这就要求语言的生动形象,要求语言表达"言之有物",使人获得真切实在的感受。如果演讲中使用过多空泛的概念,过多虚幻的描绘,听众往往不得要领,难于理解和消化。要用形象化的语言把抽象化为具体,把深奥讲得浅显,使枯燥变成有趣。

⊙ 演讲的态势语要优美

一般而言,演讲除了靠好的语言功底,还要辅以美的演讲态势语。态势语包括仪表、姿态、神情、动作等方面,是演讲者立与坐、眼神、手势、身体动作、步伐移动等的综合反应能力。演讲，讲是有声语言，给人以听觉形象；演则是无声语言，给人以视觉形象。俗话说："花好还要绿叶扶"，如果说，有声语言是红花，无声语言就是绿叶。光"讲"不"演"，或光"演"不"讲"，都不能构成演讲之美，只有动静相兼，将两者有机地融合起来，才能构成完整的演讲。也就是说，唯声、色、姿、情，相得益彰，方能称作上乘的演说。

第十章 每一种场合都是沟通的练习——场合沟通课

辩论场合沟通：巧舌如簧，雄辩天下

辩论也是哈佛沟通课中的重要内容。辩论不仅是言语的交锋，也是智慧的博弈。在唇枪舌剑的辩论场上，如何才能战胜对方，赢得最后的胜利呢？

⊙ 诱其说"是"

日本近代史上的军事家大村益次郎是一个很善辩的人，甚至因此而养成了一种习惯。有一次，邻人跟他寒暄："您好，今天天气很热，是不是？"他不说"是"，而是答道："夏天本来就是热的。"假若他顺着问题答道"是的，的确很热"，他就失去了自我防卫的态势。这已成为他惯常的思维模式。

在辩论中诱使对方说"是"，即指在论辩的开头切勿涉及有争议的观点，而应顺应对方的思路，强调彼此有共同语言的一面，从对方的角度提出问题，诱使对方承认你的立场，让对方连连说"是"，与此同时，一定要避免让对方说"不"，慢慢就能将对方引入"陷阱"。

⊙ 预设埋伏

商人威尔斯向皮箱行订购3000只皮箱，取货时却说，皮箱内层有木材，不能算是皮箱，并向法院起诉，要求赔偿15%的损失。在威尔斯强词夺理、法官偏袒威尔斯的情况下，律师罗文锦出庭为被告辩护。罗文锦取出一只金怀表问法官："法官先生，这是什么表？"法官说："这是伦敦名牌金表。可是，这与本案没有关系。"罗文锦坚持说与本案有关，并继续问："这是金表，事实上没有人怀疑。但是，请问内部机件都是（黄）金制的吗？"法官知道中了"埋伏"，只好哑口无言。

预设埋伏，既出其不意，攻其不备，又简洁明了，使对方无话可说，无辞可辩。

⊙ 借题发挥

借题发挥指的是在论辩中受到攻击时，可以不直接从正面答辩，而借助论敌提供的话题进行还击，从而改变论辩的局势。

⊙ 釜底抽薪

古人说："夫以汤止沸，沸愈不止，去其火则止矣。"锅里的水沸腾，是靠火的力量，而柴草则是产生火的原料。釜即锅，薪即柴草。止沸的办法有两种：一是扬汤止沸，二是釜底抽薪。论辩时，论辩双方所持的论题，都是由一定的论据支持的，如果将论题的根据——论据抽掉，那么，论题这座大厦就会像釜底抽薪，其论点必然不攻自破。

⊙ 以退为进

在论辩中，有时不急于以眼还眼，针锋相对地直言对抗，而是先承认对方的分析和指责是对的，让对方认为自己似乎同意了他论据的合理性，然后出其不意，或指出对方的矛盾，或说出事实的真相，或做出另外的分析，最终达到证明自己论点正确性的目的。

⊙ 顺水推舟

顺水推舟即顺着对方的思维逻辑推下去，最后得出一个荒谬的结论，以证明对方的观点站不住脚。

加拿大前外交官切斯特·朗宁出生于中国，当时他父亲是美国来华的传教士。小朗宁出生后喝的是中国奶妈的乳汁。后来他三十岁时参加了议员竞选，遭到了反对派的攻击。反对派的逻辑是："朗宁曾喝中国人的奶长大，身上一定有中国人的血统，因而不能参加加拿大竞选。"朗宁反击道："你们中有没有人喝过加拿大牛奶呢？如果有，你们身上不是也有着加拿大牛的血统了吗？当然，你们可能喝过加拿大的人乳，又难免喝过一些加拿大的牛乳，你们岂不成了人牛血统的混血儿了？也许你们长大了，不仅靠喝，自然还得吃，吃鸡脯、吃牛排、吃羊腿……这样一来，你们的血统一定是很难认定了。"

第十章 每一种场合都是沟通的练习——场合沟通课

⊙ **逼其亮底**

在论辩中,你可想办法逼对方把你想了解的东西尽快说出来,以便早点找到对付的办法。其办法之一是把话说到一半就故意停下来,然后让对方接下去说。如:"这么说,您的意思是……""照您的说法,它的意思是……"当你用这些半截子话去诱发对方时,对方十有八九会不加以思考就把这句话按意思说完。这时,你就轻而易举地又多了一张"底牌"。